Franck Pavloft

PROSTITUTION

Verkaufte Kinder in Asien

Aus dem Französischen
von Claudia Stein

ELEFANTEN PRESS

ELEFANTEN PRESS
Herausgegeben von Marion Schweizer

Umwelthinweis:
Dieses Buch wurde auf chlorfrei gebleichtem Papier gedruckt.
Das Einschrumpfmaterial (zum Schutz vor Verschmutzung und Beschädigung) besteht aus umweltschonender und recyclingfähiger PE-Folie.

Gesetzt nach den Regeln der Rechtschreibreform

1. Auflage 2000
Das Programm Elefanten Press erscheint
im C. Bertelsmann Jugendbuch Verlag
Für die Originalausgabe

Lektorat: Marion Schweizer
Umschlagkonzeption: Atelier Langenfass, Ismaning
Umschlagillustration: Thomas Haubold, Which Art
Sachteil für die deutsche Ausgabe bearbeitet
und erweitert von Marion Schweizer
Gestaltung, Satz, Lithographie: Agentur Marina Siegemund
Druck: GGP Media GmbH, Pößneck
ISBN 3-570-14601-4
Printed in Germany
http://www.elefantenpress.de

VORWORT

Bevor ich dieses Buch schrieb, verbrachte ich einige Wochen in Südostasien. Dort wurde ich von Hilfsorganisationen unterstützt und von Freunden beherbergt. Ich verfügte über umfangreiches Material zum Thema Kinderprostitution, darunter Presseberichte und Aussagen von Betroffenen.

Als ich zurückkam, hatte ich den Kopf voll düsterer Bilder, die ich nicht mehr los werde, aber auch Gewissheit und eine ungeheure Wut.

Von Vietnam nach Thailand sind es kaum zwei Flugstunden. Doch obwohl sich beide Länder auf dem gleichen Kontinent befinden, führt diese Reise steil bergab. Hanoi hat sich trotz des langjährigen Krieges eine menschliche Seite bewahrt, Bangkok dagegen, die »Stadt der Engel«, hat ihre Seele verkauft. Und die Körper ihrer Kinder.

Wie lässt sich dieser deutlich spürbare Unterschied zwischen den beiden Städten erklären?

Vor allem mit dem sagenhaften Wirtschaftsboom, der Thailands Werte tief erschüttert. Dieses Land ist zerrissen zwischen erbarmungslosem Fortschritt und alten Traditionen, die durch die extreme Armut der Bevölkerung ad absurdum geführt werden.

Männer, Frauen und Kinder kommen vom Land in die Hauptstadt, wo auf allen Ebenen die Korruption wütet. Es gibt alles zu kaufen, auch Sex. Die Touristen, die in Schwärmen auf dem Flughafen ankommen, wissen das nur zu gut. Sie kaufen alles. Natürlich auch Sex.

Ich mache mir keine Illusionen. Bald wird es in Hanoi ähnlich aussehen wie in Bangkok; denn die gleichen Probleme werden die gleichen Auswirkungen mit sich bringen. So ist es eben. Die Entwicklung der »Dritten Welt« ist keine Frage der Moral. Zuerst einmal geht es ums Überleben. Die ausgehungerten Leiber können sich immer an diejenigen verkaufen, die Geld haben.

Aber in diesem Fall reden wir von den Kindern. Sie sind es, die am Straßenrand, an den Stränden und in den Hotels feilgeboten werden. Ich rede nicht von Bordellen, denn dieses Wort hat in Thailand nichts zu bedeuten – das ganze Land ist ein riesiges Bordell. Ich lege meine Worte nicht auf die Goldwaage – ich pfeife auf die kleinen Unterschiede.

Wee, Arusha und Lao, die Kinder, deren Geschichten auf den folgenden Seiten erzählt werden, haben Tausende von Brüdern und Schwestern, denen es genauso geht. Ich bin ihnen begegnet. Sie sind wirklich noch Kinder, zwischen fünf und sechzehn Jahre alt. Ihre Körper werden für Geld verkauft. Das ist die einfache Definition von sexueller Sklaverei. Ein offenes Geheimnis, dessen Schleier erst seit einiger Zeit nach und nach gelüftet wird.

Wer kauft diese Kinder?

Vor allem die Touristen. Schätzungsweise zu achtzig Prozent. Der Rest sind Einheimische. Ich wende mich hier an die Ersteren. Wir haben die gleiche Kultur, sie können mich verstehen.

Pädophile? Ich kenne sie gut, diese Männer, deren Sinne auf Abwege geraten sind. Seit fünfzehn Jahren begegne ich ihnen in den Untersuchungsgefängnissen, bei meiner Arbeit als psychologischer Gutachter für das Gericht. Aber hier rede ich von etwas anderem, nämlich von der Selbstgefälligkeit der Touristen, von Kindern, die verkauft werden oder sich selbst anbieten, vom Geld lokaler und internationaler Prostitutions- und Drogenringe, von der Sklaverei Tausender kleiner Kinder überall auf der Welt.

Erwachsene, ihr habt Einfluss und Geld. Macht damit, was ihr wollt, aber bitte lasst die Kinder in Ruhe. Weshalb? Ganz einfach im Namen des Rechts. Des Rechts der Kinder, über ihren eigenen Körper zu verfügen und ihre Kindheit zu leben. Die Forderung ist einfach: Schluss mit dem Sextourismus!

Wer jünger ist, soll sich informieren über das, was passiert, selbst wenn diese Realität finster und grausam ist. Redet darüber. Eure Worte können etwas bewirken. Ihr seid die Erwachsenen von morgen.

Das Leben der prostituierten Kinder, über das ich schreibe, ist erschreckend einfach. Lao wird tatsächlich entführt und geschlagen. Wee verkauft sich wirklich für ein paar Dollar, er ist drogenabhängig und wird an AIDS sterben. Diejenigen, die den Ausstieg schaffen – zum Glück sind das immerhin einige – tragen tiefe Verletzungen davon. Deshalb leihe ich ihnen meine Stimme. Ich erzähle von einem Tag aus ihrem Leben. Wozu sollte es sonst gut sein, dass ich erwachsen bin und schreiben kann? Ich habe versucht mich zugleich realistisch und diskret auszudrücken. Das ist eine heikle Aufgabe und manchmal musste ich meine Zunge ganz schön im Zaum halten.

Jedes Land sollte dafür sorgen, dass die dort gültigen Gesetze und die internationalen Abkommen eingehalten werden.

Man muss diesen Kindern helfen und auch denen, die bereits angefangen haben, ihnen zu helfen.

Ihnen widme ich dieses Buch.

Franck Pavloff

TEIL I

PAKPAO

Die Geschichte eines Mädchens

Der Wind tobt und heult. Er hat im Norden Anlauf genommen, auf den fernen Hängen des Doi Inthanon. Dann ist er durch die Ebene des Khun Yuam galoppiert und hat sich an den Ufern des Mekong-Flusses mit dem Duft der Orchideen aufgeladen. Diese ganze Reise durch Thailand, um sich am Ende in den Krakenarmen dieser Stadt zu verfangen! Die Hochhäuser von Bangkok haben ihm das Rückgrat gebrochen. Er versucht durch die feuchten Kanäle, die *klongs*, zu entfliehen, wird wütend und ohrfeigt die gläsernen Fassaden. An der Kreuzung der Silom Road und der Rama IV Road ist er nicht mehr zu halten und steigt jaulend zum Himmel. Und genau dort lauert man ihm auf, um seine Kraft einzufangen und damit zu spielen.

Die Drachen reißen sich vom Boden los. Mit einem einzigen Satz, pfeilschnell. Jetzt treten sie über dem Lumpinipark gegeneinander an. Der kleine aus weißem Segeltuch, jungfräulich, in spitzer Diamantform geschnitten, schmiert ab, dreht sich um sich selbst, sucht einen Ausweg, schlenkert. Pakpao, das Weibchen, stellt sich dem wesentlich größeren Chula, dem Männchen, dem schwarzen Adler, der sich sogleich an die Fersen seiner Beute heftet. Er bringt

Pakpao mit einem Schwanzschlag aus dem Gleichgewicht, umklammert sie, versucht sie zu ersticken. Pakpao blufft, gerät ins Strudeln. Es ist ein Spiel, ein Spiel für Erwachsene.

Sie stehen zu viert oder fünft an der Straßenkreuzung und ziehen lachend an den Leinen. Es besteht kein Zweifel mehr über den Ausgang dieses Wettkampfs in den Lüften.

Die verletzte Pakpao stürzt steil zu Boden. Ein aufblitzender Sonnenstrahl besudelt ihre zarten Flügel mit Blut. Der Kampf der Geschlechter, der in den Lüften begonnen hatte, nimmt auf der gelblichen Wiese des Parks ein brutales Ende, keine drei Schritte vom Rotlichtviertel Patpong entfernt.

Lao wacht auf. Durch das viereckige Stück Himmel hinter dem hohen Fenster nimmt sie schemenhaft die Drachen wahr. Ob es Schwalben sind? Alles ist so verschwommen. Die Luft in Bangkok ist feucht und dreckig, ihre verklebten Augenlider wiegen mindestens eine Tonne. Sie liegt reglos auf dem Rücken und reibt sich die Augen. Allmählich erkennt sie die umherwirbelnden Drachen Pakpao und Chula.

Um sie herum im Schlafraum ist es noch ganz

still. Ein komischer Schlafraum, dieser graue Keller aus staubigem Zement mit seinem scheußlichen Geruch. Seit einem Monat teilt sie sich diese Garage mit sechs anderen Mädchen.

Neben ihr keucht Sophat, eine kleine Kambodschanerin, die von Soldaten aus einem Flüchtlingslager entführt wurde. Sie kennen sich kaum, reden wenig miteinander, erzählen sich Belanglosigkeiten – über die Hitze, die Kälte, die Suppe, den Reis; ob es regnet oder nicht. Niemals etwas Persönliches oder Intimes.

Sie hat keine Ahnung, wie viel Uhr es ist. Wozu auch, diese Momente gehören ihr. Man muss sie sich bewahren. Wertvolle Minuten zum Träumen. Nichts tun, nur die Umarmung der Drachen mit dem Blick verfolgen.

Sie liebt dieses Spiel. Einmal durfte sie beim Fest in ihrem Dorf die Leinen dieser Riesenschmetterlinge halten. Nie wird sie das vergessen. Sie reiht sich in den Tanz der beiden ein, hält die Luft an, spricht dem weißen Diamanten Mut zu. »Los, los«, sagt sie. »Pass auf, nein, dreh dich! Dreh dich ganz schnell!«

Augenblicke der Kindheit.

Lao ist elf Jahre alt und ihr Körper ist biegsam und schmal wie eine Bambusstange. Sie hat die dunkle Haut der kleinen Mädchen aus den Bergen im Norden Thailands und ein rundes, symmetrisches Gesicht. Ein Puppengesicht, durchbrochen von ihrem dunkel blitzenden Blick, diesem Blick, der den *farangs*, den Weißen, so gut gefällt.

»Hey, Lao! Schläfst du, Lao?«

Sie ballt die Fäuste, liegt reglos auf ihrer Matte. Bloß nicht antworten. Sie will sich da oben verlieren, nicht reden.

»Hey, Lao!«

Wannipa schüttelt sie. »Ich hab Hunger. Steh auf.«

Wannipa, die Älteste, ist sechzehn, hat pechschwarze Haare und ausgehöhlte Wangen, die von hässlichen kleinen braunen Flecken gezeichnet sind. Sie hat ihre Familie vor mehr als vier Jahren verlassen, magisch angezogen vom Glanz der Stadt, doch ihr schönes Abenteuer hat hier sein Ende genommen, auf dem dreckigen Boden dieser Garage. Sie ist am längsten da, sie hat das Sagen. So ist es eben, ganz einfach. Sie vergibt die Plätze im Schlafraum, verteilt den Reis oder die Fischsuppe, aber das ist auch schon alles. Jede Einzelne von ihnen hat ihre Geschichte, jede muss allein mit ihrem kleinen Stückchen Vergangenheit zurechtkommen.

Hier kann man nie wissen, ob man einen Monat oder ein Jahr bleiben wird. Die Zeitskala hat nur zwei Bereiche: Einen grauen für den Morgen, wenn man vor sich hin döst, und einen schwarzen für den Abend, wenn man mit den Männern nach oben in die Zimmer geht. Das reicht völlig aus, um den Tag durchzustehen. Lao macht einen Satz über die schlafenden Körper, stellt den Wasserkocher an, wirft eine große Hand voll Teeblätter in einen verbeulten Topf und verteilt sechs Schälchen um einen Teller mit Bananenkrapfen. Ihr ist schwindlig. Heimlich beißt sie in einen der Krapfen hinein und lässt sich den süßlichen Teig schmecken. Am Vorabend hat sie nichts gegessen, auf nichts Lust gehabt. Keinen Mund mehr. Jetzt grinst sie ein Rest Nudelsuppe hämisch aus seiner Schale an.

Die Mädchen wachen nacheinander auf, noch ganz benebelt, und gehen über den Flur zur Toilette. Keine sagt etwas.

Sie scharen sich um den Teller. Die Hände entreißen sich gegenseitig die Krapfen. Der starke Tee brennt in der Kehle, beruhigt den Magen, reinigt den Körper. Noch ein wenig Ruhe. Lao trinkt ihren Tee andächtig und in kleinen Schlückchen wie ein Vögelchen, um den Hagel von Fragen, der gleich auf sie einprasseln wird, etwas hinauszuzögern.

Eine Art Ritual, das die Mädchen ihr auferlegen. Ein böswilliges oder unschuldiges Spiel – da ist Lao sich nicht so sicher – auf Kosten der Neuankömmlinge. Nichts wirklich Schlimmes, Worte, nichts als Worte, aber eindringlich und schneidend wie Rasierklingen. Worte, die ihr die Nacht in Erinnerung rufen, sie auseinander nehmen, die Lao dazu zwingen, sich an das zu erinnern, was sie nicht wahrhaben will. Worte, die Bilder in ihr auslösen, die in einer Flut von Gefühlen immer wieder auftauchen; Worte, die ihre Sklaverei besiegeln.

»Lao, Lao!« Die kleinen Gesichter lachen. Wie Mädchen, die auf einem Schulhof herumtoben. »War dein *farang* nett? Sind die Japaner nett?«

Sie wehrt sich nicht mehr gegen die Erinnerungen an die vergangene Nacht. Die Worte sprudeln ganz von selbst aus ihrem Mund. Eine andere hat

Besitz von ihr ergriffen und spricht für sie. Die kleine Prostituierte der vergangenen Nacht ist in die Haut von Lao aus den Bergen geschlüpft.

»Ja, war er. Er hat mir nicht wehgetan. Und er hat gesagt, er käme morgen wieder, dasselbe Zimmer, Nr. 109, weil es dort einen Ventilator gibt und auf dem Teppichboden keine Flecken sind. Er ist sehr sauber. Er hat mich gewaschen. Ich musste mich vor ihm hinknien. Dann musste ich ihn waschen. Den Bauch, immer den Bauch, hat er gesagt, und hinterher habe ich ausgespuckt.«

Den Mädchen ist ziemlich egal, was sie erzählt. Sie kennen das alles schon lange. Was sie amüsiert, ist Laos verängstigte Art. Wie eine Maus, die an den Worten herumknabbert.

»Erzähl weiter! Hattest du noch mehr *farangs*?«

»Nur noch einen. Für die restliche Nacht. Er gab dem Mann zweimal Geld.«

»Xiam?«

»Ja, Xiam, der Etagenkellner. Sie redeten so laut. Ich hatte Angst.«

Die Mädchen schütten sich aus vor Lachen und verlieren dann plötzlich das Interesse an ihrer Gefährtin. Provokation und Unbekümmertheit, ganz normal in ihrem Alter. Ein paar Ameisen schleppen mit eisernem Willen einen zur Hälfte ausgehöhlten Käfer über den dreckigen Zementboden. Das neue Spiel besteht darin, den Ameisen Hindernisse in den Weg zu legen, ein Messer oder einen ausgelatschten Schuh. Die braunen Haarschöpfe sind artig über die Arena mit den Krabbeltieren gebeugt.

Lao, die kleine Pakpao, steht auf und geht zur Toilette. Sie hat nichts gesagt, aber der Mann letzte Nacht hat sie verletzt. Sie blutet. Sie versteht nicht, was los ist, pinkelt Blut und vergisst es dann gleich wieder.

Frédéric kommt aus Straßburg. Rein zufällig wurde er vor vierzig Jahren in dieser Stadt im Elsass geboren, wo man im Sommer so schön am Ufer der Petite France entlangspazieren kann, während die untergehende Sonne über die Rücken der satten und zufriedenen Schwäne streichelt. Das ist wahre Lebenskunst.

Aber dann der Winter mit seinen Nebelschwaden, die sich übers eiskalte Rheinwasser ziehen. Und die Langeweile, die damit einhergeht. Man hat keine Lust mehr, miteinander zu reden, jeder hat es nach der Arbeit eilig, nach Hause zu kommen. Na ja, da sind die Kneipen in der Rue des Tonneliers, aber irgendwann wird man dieser sorgfältig gepflegten Holzverkleidungen und der Männerwitze überdrüssig. Frédéric mag sein Leben nicht besonders. So ist es eben, man ist nicht immer derjenige, der man gerne wäre.

Also flüchtet er sich in seine Träume. Oder besser gesagt: in seine Reisen. Tag für Tag legt er etwas Geld zurück, damit er wegfahren kann. Das hilft ihm, die langen Januarwochenenden zu überstehen, die ihm Depressionen bereiten.

Heutzutage werden Flugtickets immer billiger. Die ganze Welt liegt in greifbarer Nähe. Zielort: Leidenschaft. Nachdem er die Philippinen ausprobiert hat, verbringt er diesmal seine Ferien in Thailand.

Abflug in Orly Sud, vierzehn Stunden Flug und die Garantie, den Alltag zu vergessen. Hitze, Tourismus und Sex am laufenden Band. Er hat sich auf Anhieb in Bangkok verliebt, in die Tempel mit den vergoldeten Dächern, die Märkte, die Rotlichtviertel, das wilde Leben, das dort bis zum Morgengrauen auf den Straßen tobt.

Er hat das wunderbare Gefühl, dass dort alles erlaubt ist. Die Zeit zerspringt in pikante Sekunden und zauberhafte Stunden und das Leben läuft ganz gemächlich, *sabai sabai*, wie die Thai sagen.

Hier in der Hauptstadt des alten Königreiches Siam kommt Frédéric sich vor wie ein König. Die Bars sind seine Residenzen, die Hotels seine Schlösser, die Frauen seine Dienstmädchen und Kinder seine Günstlinge. Oder seine Sklaven, das kommt ganz auf die Sichtweise an.

Denn wenn die geschundenen kleinen Körper zum Sprungbrett seiner Träume werden, will er davon nichts hören. Das ganze Jahr schuftet er wie ein Irrer. In Straßburg ist das reinste Sauwetter, da soll ihm hier bloß keiner blöd kommen, wo doch sowieso alle unter einer Decke stecken. Und damit hat er nicht Unrecht. In Bangkok ist es den Leuten scheißegal, was er treibt, er und die ganzen Gleichgesinnten, die überall in der Stadt herumlaufen und schwitzen wie die Schweine, seien sie nun Franzosen, Deutsche, Italiener, Japaner oder Marsmenschen.

Er genießt jeden Augenblick. Sogar den Benzindämpfen, die die Prachtstraßen in stinkende Riesenparkplätze verwandeln, kann er einen Reiz abgewinnen.

An diesem Spätnachmittag ist er bis zu den Markthallen von Pratunam vorgedrungen, in der Nähe der Schleusen, und hat ein Hemd aus Wildseide erstanden. Stahlblau, das bringt seine Bräune zur Geltung. Und das für den Preis eines einfachen T-Shirts. Was für ein Schlaraffenland! Dann ist er mit dem *tuktuk*, einem dieser knatternden Taxis auf drei Rädern, die sich mühelos durch jeden Stau schlängeln, zum Haus von Jim Thompson gefahren, dem König der thailändischen Seide, der an einem schönen Apriltag im malaiischen Dschungel verschwunden war.

War es Entführung, ein Unfall, eine Spionageaffaire? Frédéric gönnt sich einen Anflug von Schauder, als er die prunkvolle Bleibe und die Kunstsammlung besichtigt. Abenteuer, Geheimnis, Geld – er verspürt eine unbestimmte Sehnsucht, während die Sonne über den *klongs* untergeht. Ein wenig erschöpft träumt er vor sich hin, den Blick verloren zum Himmel gerichtet.

Der Wind legt sich. Dort drüben in der Ferne, über dem Lumpinipark, wickeln die Spieler ihre dünnen Leinen auf und holen ihre Drachen zurück. Pakpao, der kleine weiße, hat unter dem Kampf gelitten: Fast könnte man ihn für eine verletzte Taube halten.

Frédéric schüttelt sich. Es gibt wirklich nichts Besseres als den einheimischen Whisky, den Mekong, um seine Lebensgeister wieder zu erwecken. Er hat noch nicht mal Zeit, die Hand zu heben, da streiten sich auch schon drei *tuktuks* darum, ihn mitzunehmen. Er sucht sich das blaugelbe aus.

»Nach Patpong, Herr?«

Der Fahrer mit dem glatten Gesicht setzt sein breitestes Lächeln auf, denn er hat sein Geschäft so gut wie in der Tasche. Ganz einfach, um diese Zeit gehen alle *farangs* zum Trinken nach Patpong, dafür gibt es kein besseres Viertel.

»Okay, aber fahr langsam. Ich hab keine Lust, mit einem Mazda oder einem Mercedes zusammenzuknallen.«

Der junge Kerl versteht ein paar Wörter.

»Oh, der Herr, kein Angst, ich schlau. Guck mal!«

Er zieht ein Heft aus seiner Tasche, in dem Fotos von nackten Kindern kleben. Jedes Alter, beide Geschlechter, alle möglichen Positionen. Er bekommt einen Lachanfall und stürzt sich mit Vollgas in die Menge.

Frédéric blättert das Album durch und lacht nun auch. Der Abend fängt gut an, später wird er sich etwas aussuchen. Er ist glücklich, hat das Gefühl, in einem freundlichen Land zu sein. In der Nähe eines McDonald's steigt er aus und geht zu Fuß weiter. Die Luft klebt wie Sirup auf der Haut. Die Menschenmenge drängelt sich um die Geschäfte, die bis auf die Gehwege ausufern. Es wird ein bisschen gefeilscht und alles Mögliche gekauft. Es ist das Königreich der gefälschten Luxusartikel, des Schunds und des Bluffs.

Frédéric biegt auf gut Glück in die erste Straße rechts ein, geht um eine halbhohe, kaputte Sperre herum und dringt in eine lärmerfüllte Sackgasse vor, die als Parkplatz dient, aber auch als Zugang für eine lange Reihe von Bars. Die Qual der Wahl.

Abermals auf gut Glück späht er durch einen schwarzen Samtvorhang, der von einem vor sich hin dösenden Typen bewacht wird. So einfach ist es, sich Augen und Kehle auf einen Streich zu erfrischen. Wozu also noch lange überlegen?

Die ganze Bunny Bar ist in kräftigem Pink gehalten, die Lichter, die Theke, die Sitze der Barhocker, die Korkbehälter, in die gleich die obligatorische Flasche *Singha* hineingeschoben wird – so heißt das einheimische Bier. Er wirft einen geistesabwesenden Blick auf das Pornovideo, das aus tausend Blickwinkeln Entwürdigungen des Intimbereichs herunterbetet. Es ist nervtötend, absolut miserabel. Die pinkfarbene Umgebung verleiht den Bildern auf dem Schirm zu allem Überfluss die Atmosphäre eines Metzgerladens.

Es ist noch zu früh, um sich die Mädchen anzusehen, die ihren Hintern zur Schau stellen und mit den Hüften wackeln müssen, direkt vor den rot angelaufenen Gesichtern der Kunden, die auf die Bühne am Ende der Bar springen.

Nach und nach füllt sich der Saal mit Männern. Die Mädchen spüren jeden Neuankömmling sogleich auf, setzen sich zu ihm und radebrechen etwas auf Englisch. Frédéric sagt weder ja noch nein, er teilt sein Bier mit einer jungen Thai, gibt sich aber nicht die Mühe, sie nach ihrem Namen zu fragen. Wozu, er legt in der Bunny Bar doch nur einen Zwischenstopp ein, um sich ein bisschen Appetit zu machen. Erwachsene Frauen sind nicht sein Ding. Die Nacht wird er anderswo verbringen.

Er steht wortlos auf und lässt das lächelnde Mädchen sitzen, ganz nach alter Gewohnheit, rempelt eine Gruppe hysterischer Japaner an, die mit dem Wirt verhandeln, weil sie Fotos machen wollen. Nicht, dass das schlimm wäre – in Patpong ist nichts verboten, mit ein paar Dollars lässt sich alles regeln. Der Wutanfall des Kneipiers dient lediglich dazu, den Preis ein wenig in die Höhe zu treiben, das ist alles.

Draußen herrscht immer mehr Trubel. Etliche Grillfeuer mit Hühnerspießen und Fisch brutzeln am Straßenrand und legen noch etwas zu den 35 Grad Lufttemperatur zu.

Ein paar Schritte von der Robinson-Bar entfernt findet er seine Fährte wieder, biegt in eine ruhigere Gasse, einen *soi*, ein und steuert zielsicher das Binturong-Hotel an, über dessen breiter verglaster Eingangstür ein Wappen mit diesem Tier prangt.

Der *Binturong* ist ein kleines, nachtaktives Säugetier »mit einem buschigen Schwanz«, hatte ihm eines Tages der chinesische Hotelbesitzer mit einem anzüglichen Augenzwinkern erklärt. Der hat wirklich Humor. Wie immer klebt er mit seinem ausladenden Hintern in einem Sessel in der Eingangshalle.

Frédéric sind die Örtlichkeiten bestens vertraut. Er geht um den Tisch herum, stößt eine Klapptür auf und tausend Dezibel schlagen ihm entgegen. Ein Discobrei mit abgehackten Rockmusikfetzen darin. Eine schlecht geschminkte Göre singt im Playback dazu, verrenkt schwerfällig die Hüften und streckt den Spannern ihre Scham entgegen. Die amüsieren sich und klatschen den Takt mit. Weitere Mädchen, wahrscheinlich vierzehn oder fünfzehn Jahre alt, stehen wartend herum wie bei einer Parade, mit leerem Blick und einer Nummer an der Schnur ihrer String-Tangas. Es ist provozierend, vulgär. Den Kunden, denen die Qual der Wahl überlassen bleibt, kommt das alles ganz normal vor.

Ein Mann schnippt mit dem Finger das ausgewählte Mädchen an und das Geschäft ist besiegelt. Sie kommt lächelnd näher, ganz jung, geschmeidig, hingebungsvoll, unglaublich unbekümmert. Frédéric beobachtet die Szene mit Kennerblick und tippt dem glücklichen Besitzer, der gerade die Nummer 8 ausgewählt hat, auf den Rücken, einem pummeligen Typen mit einem I-love-Bangkok-T-Shirt, das über seinem Bierbauch spannt. Der Typ geht hinaus und zerrt das Mädchen, das gut fünfzig Kilo weniger wiegt als er und ihm bis zur Taille reicht, an der Hand hinter sich her.

Alles läuft ganz normal. Der Dicke hat genug Geld bei sich, dass er sich die ganze Bude leisten kann, wenn ihm danach ist. Das kostet ihn einen Apfel und ein Ei, ein paar Stunden Maloche in Brüssel. Sollte die Kleine unverschämterweise auf die Idee kommen, Mätzchen zu machen, wird er sie erledigen. Aber alles läuft ganz normal.

Der Chinese bellt eine Zimmernummer. Sie ist leicht zu behalten, sogar für einen *farang*, der kein Thai versteht, es ist nämlich dieselbe Nummer wie die des Mädchens.

Aber so ein Geschäft interessiert Frédéric nicht. Er will natürlich ein Mädchen, das sehr *souay*, sehr hübsch ist, aber vor allem sehr jung: ein Kind. Ein Kind, das er unterwerfen kann, mit dem er machen kann, was er will, und bei dem er beobachten kann, wie vor Aufregung die kleine Halsschlagader ganz wild pulsiert. Der Chinese weiß das alles nur zu gut. Er kennt die Gelüste des Mannes und sie sind ihm völlig gleichgültig. Er verkauft alles, was die Leute haben wollen, das ist sein einziger Grundsatz.

»Wenn du ein kleines Mädchen willst, Weißer – kein Problem. Eine Jungfrau ist teurer. Oder erwartest du ein bisschen Erfahrung? Okay, ein kleines Weibchen, garantiert erst elf, passt dir das? Rück deine 600 Baht raus, Weißer, ich scheiß drauf, was in deinem Kopf vorgeht, das sind deine *farang*-Angelegenheiten.«

Der Kneipier verzieht keine Miene, nichts von seinen Gedanken sickert nach außen.

Er grölt: »Sip sông!«

Frédéric versteht ein paar Wörter. Zimmer 12. Die rechte Tür, eine halsbrecherische Treppe. Der Etagenkellner hat sehr kurze Haare und ein halbseidenes Hemd. Er trägt einen Gummiknüppel am Gürtel. Schließlich birgt das Geschäft mit dem Sex gewisse Risiken.

Frédéric hat keine Augen für die abgeblätterte Wandfarbe, das niedrige Bett, dessen kaputter Fuß durch einen Aschenbecher ersetzt wurde. Er ist woanders, im Vorzimmer seiner Lust, seiner nahenden Freuden. Der Freuden, in deren Genuss er in Straßburg nie gekommen wäre.

In ein paar Minuten wird er sich für die kalten Winterabende rächen, an denen der eiskalte Atem des Rheins mit Raureif belegt ist. Bald wird er der große Sexmogul sein und er wird alle Macht über eine kleine Hautoberfläche haben, über eine willenlos ausgelieferte, wegen schwerwiegender Probleme der Erwachsenen aus ihren Bergen weggerissene Pakpao. Vermietet. Für 600 Baht. Für den Weißen der Preis einer Mahlzeit. Über seinem Kopf schlagen die Flügel des Ventilators die klamme Luft. Die ganze Welt steht Frédéric zu Diensten.

Die Tür der Schlafgarage geht einen Spalt auf und Malakos Kopf kommt zum Vorschein. Sein gelbliches, längliches Gesicht hat ihm seinen Spitznamen eingebracht: Malako, die Papaya. Er ist die rechte Hand des Chefs. Eingezwängt in sein tailliertes weißes Hemd und seine graue Kunstfaserhose spricht er nicht – er brüllt jedes einzelne Wort. Die Mädchen hassen ihn.

»Lao! Lao!« Ein Befehl.

Lao döst auf ihrer Matte vor sich hin. Sie hatte gedacht, man würde sie heute nicht mehr rufen. Die zwei Kunden am Nachmittag haben sie erschöpft.

Sie musste sich vor einem französischen Paar verrenken, das sich gegenseitig anbrüllte, weil ihre Videokamera verrückt spielte. Einmal ist sie sogar eingeschlafen, da haben die beiden sie geohrfeigt und beschimpft. Je mehr sie weinte, desto mehr schlug der Mann sie und desto mehr filmte die Frau.

Glücklicherweise verblassen derartige Erinnerungen immer nach ein paar Sekunden wieder. Die unerträglich scharfen Bilder verschwimmen sehr schnell. Das ist Laos ganz persönliche Art auszureißen. Um mit elf Jahren in einem Bordell zu überleben, muss man die Zeit in Scheiben schneiden und die fauligen Stücke in geheimen Schubladen verstecken.

Wie ein schläfriges Hündchen folgt sie Xiam, dem Etagenkellner, der sie an der Treppe abholt.

»Sip sông!«

Wie in Trance stößt sie die Tür von Zimmer 12 auf. Sie hat sich aus der Wirklichkeit ausgeklinkt.

Das einzige Ziel dieses perversen und brutalen Spiels des Erwachsenen ist es, sie dorthin zurückzuholen. Gleich wird sie wie eine mandeläugige Stoffpuppe nach den Nadelstichen seines Geschlechts tanzen müssen.

Für diejenigen, die für ihren Genuss Kinder wollen – die Pädophilen – sind die Länder der Dritten Welt ein unerschöpfliches Gewässer. Ein großer Rummelplatz, auf dem sie für 600 Baht eine Runde Karussell fahren dürfen. Das ist fast geschenkt und die Klänge der Drehorgel übertönen das Elend.

Frédéric wacht erschrocken auf. Er hat geträumt, das Riesenrad auf dem großen Jahrmarkt von Paris, der Foire du Trône, sei abgefallen. Er ist schweißgebadet. In diesem Klima schwitzt man das Bier wieder aus, kaum dass man es getrunken hat. Er steht auf und geht pinkeln.

Lao ist unter der Dusche, er hat gar nicht gehört, wie sie ins Bad gegangen ist. Sie sieht aus wie ein kleiner Junge, ganz ohne Rundungen. So etwas liebt Frédéric. Er spricht Englisch mit ihr, sie versteht kein Wort. Schon hat er seine riesige Pranke zwischen ihre glatten Beine geschoben. Nach und nach verzerrt sich sein Gesicht. Er ist nicht mehr das große Kind, das von Karussellfahrten träumt, sondern ein keuchender Mann, der ein kleines Mädchen bedrängt, das Bauchschmerzen hat und keinerlei Versuch unternimmt, diesen Fingern, die in es eindringen, zu entfliehen. Wozu auch, sie hat sowieso keine Chance gegen ihn, das weiß sie instinktiv. Und dann vergehen die Minuten oder auch nicht, Lao weiß es nicht mehr. Sie gehorcht. Der einzige Gedanke, zu dem ihr kindlicher Verstand in diesem Moment fähig ist, befiehlt ihr, bloß keine Schmerzen zu haben.

In ein paar Wochen hat sie die Handgriffe gelernt, mit denen sie sich einigermaßen durchschlagen kann. Sie ist jetzt eine richtige kleine Prostituierte, die sich auf ihr Handwerk versteht. Sie weiß, dass der Mann einschlafen wird, wenn er geschrien hat, und dass sie dann ihre Ruhe hat. Aber heute hat sie Bauchschmerzen, ein Brennen, das nicht mehr weggeht. Ständig hat sie das Gefühl, aufs Klo zu müssen. Der Mann hält sie fest. Er wird laut, verlangt, dass sie stillhält, mit gespreizten Schenkeln. Sein Gesicht ist rot und geschwollen, er hat eine Flasche Mekong herausgeholt und setzt sie an. Er sieht nichts mehr vom Zimmer um sich herum, sein Blick durchbohrt Laos unbehaartes Geschlecht, seine Finger gleiten über ihre Schultern, ihre Hüften, ihre Intimität, ihre Seele. Mit jeder Bewegung zerstört er sie ein bisschen mehr.

Jetzt fingert er zum Spaß an den kleinen runden Narben auf ihrer Brust herum, die von glühenden Zigaretten herrühren. Andere haben ihr diese Verletzungen zugefügt, um sie zu bestrafen, er gibt sich damit zufrieden, den Schorf abzuziehen. Ganz präzise setzt er seine Nägel an.

Lao zittert, weint. Sie weiß, dass sie weinen muss, der Mann erwartet das, hinterher wird er sie in Ruhe lassen.

Der Ventilator ist stehen geblieben, ein vorübergehender Stromausfall. Schlagartig bricht die Feuchtigkeit über das ungleiche Paar herein und lässt die beiden wie unter einem Lavastrom erstarren. Der Mann meckert, steht auf, brüllt in den Flur, verlangt nach Strom, beschimpft Xiam, der ihm die Tür vor der Nase zuschlägt und zurückschimpft.

»Du bist hier im Binturong, *farang*. Wenn du eine Klimaanlage willst, dann geh ins Hilton, aber lass mich in Ruhe.«

Frédéric taumelt zurück ins Bett und ohrfeigt Lao, die sich erschrocken aufbäumt. Endlich bewegt sie sich mal ein bisschen. Er lacht, verfolgt sie bis ins Bad, zerrt sie zum Schrank und dann zum

Fenster. Wie ein Hund, der einem Kätzchen zusetzt. Lao tut alles weh, sie hat Angst. Ihre Augen sind wie die Gefäße eines Gummibaums – dicke weiße Tränen quellen daraus hervor. Der Mann lässt sie vor sich niederknien. Er hat wieder die Mekong-Flasche angesetzt und seine Augen nehmen einen violetten Schimmer an.

Vergessen ist das Geheimnis des Grand Palais, die prächtigen Wandmalereien von Wat Pot, die Träumereien im Haus von Jim Thompson. Vergessen die romantischen Uferpromenaden am Rhein, die Tavernen in der Rue des Tonneliers, vergessen die Würde und die Zärtlichkeit.

Frédéric benutzt den Körper eines Kindes, das gezwungen wurde, sich zu prostituieren, und das innerlich nach und nach stirbt, ohne überhaupt zu verstehen, dass es von dieser Reise nicht mehr zurückkehren wird, selbst wenn ihm der Ausstieg gelingt. Frédéric nimmt sich sein Vergnügen und Lao kotzt es wieder aus. Er dreht sich um, lässt sich auf die Matratze fallen und schläft gleich darauf ein.

Im Flur gehen Türen auf und zu. Die Wasserleitungen gluckern, die Wasserhähne spucken Bangkoks salziges Wasser aus, die Toiletten geben ein lautes Gurgeln von sich, das Binturong wird in seinen Grundmauern erschüttert. Von der Musik aus der Bar dringen nur die wummernden Bässe nach oben. Das Nachtleben ist in vollem Gange, ungerührt von dem verwundeten Körper der kleinen Pakpao, die zusammengekauert am Fußende des Bettes hockt.

Sie flüchtet sich in ihre Träumereien und nuckelt dabei an einem Stück Laken, das sie an sich gezogen hat. So wie damals, als sie ganz klein war und den Wind durch das Strohdach ihres Hauses pfeifen hörte. Nach und nach beruhigt sie sich, macht den Mund auf, kann sich mit kurzen, heftigen Atemzügen von der ganzen verdorbenen Luft befreien. Der Wind, der wie ein Freund in ihren Kopf geglitten ist, das Buch ihrer Vergangenheit durchblättert. Die Bilder ziehen vorüber.

An jenem Morgen war sie fröhlich aufgewacht und hatte durch den beißenden Geruch des Feuers und der feuchten Erde den Duft des *khao pat* wahrgenommen, des gebratenen Reises, den ihre Mutter mit Kurkuma bestreut hatte.

Die Luft ist kühl, Lao zieht sich die Baumwolldecke bis zum Hals. Sie hört alle möglichen vertrauten Geräusche aus dem Haus und dem Dorf. Das Herdfeuer, das im Erdgeschoss knistert; die Hühner, die vom Hund verjagt werden, aber andauernd wiederkommen und auf dem irdenen Küchenboden herumpicken. Ihre beiden kleinen Brüder, die vor sich hinlallen und um die sie sich gleich kümmern wird, die Holzwände, die sich unter den ersten Sonnenstrahlen krachend ausdehnen, und dann auf dem Pfad die Schritte eines Maulesels und das Knarren des Fuhrwerks.

Ihr Vater und ihre beiden älteren Brüder sind um fünf Uhr morgens zum Markt von Mae Sai aufgebrochen, schwer beladen mit Nippes und Silberschmuck. Seit ein paar Jahren versuchen sie sich als Goldschmiede, zusammen mit einem entfernten Cousin aus der chinesischen Provinz Yunnan.

Das Dorf, in dem Lao wohnt, liegt an der Grenze des »Goldenen Dreiecks«, zwischen Thailand, Burma und Laos, dort, wo der Mohn blüht, die Opiumblume mit ihren verwunschenen Träumen, und wo am Ende der Reise der Tod lauert. Auch wenn der Anbau seit ein paar Jahren verboten ist, wurden bisher kaum gute Lösungen für eine Umstrukturierung vorangetrieben. Zu viele verborgene Interessen sind im Spiel. Opium ist die Goldgrube aller Mafias dieser Welt, natürlich auch der thailändischen und der chinesischen. Also seht, wie ihr zurechtkommt, liebe Bauern!

Die Männer aus dem Dorf mussten sich andere Einkommensquellen suchen. Manche halten sich mit dem Anbau von Litschis oder Erdbeeren über Wasser, doch Laos Vater, der nur wenige Morgen Land besitzt, hat die Umstellung seiner Felder verpasst. Er hat nicht einmal heimlich weiter angebaut, nur ein ganz kleines Fleckchen, gerade so viel, dass er selbst ein wenig Opium rauchen kann.

Zusammen mit seiner Familie geriet er tief ins Elend. Das Einkommen fiel weg, sie hatten gerade genug zum Überleben. Also entsann er sich der Fingerfertigkeiten seiner Ahnen, die wahre Meister in der Verarbeitung von Edelmetallen waren. Ein uraltes Handwerk. Manchmal darf Lao Anhänger in Fischform fertig machen. Mit einer Pinzette hängt sie kleine silberne Glöckchen daran. Die Touristen, die sich bis in diese Gegend vorwagen, lieben diesen wertlosen Kitsch.

Lao lehnt sich gegen die aus Pfählen zusammengefügte Holzwand, gähnt, schaut ihrer Mutter eine Zeit lang bei der Arbeit zu, bevor sie ihr zur Hand geht. Das Mädchen wiegt sich in der Ruhe, die die nüchternen Handgriffe der Mutter ausstrahlen.

Doch Laos heile Welt wird gleich restlos zusammenbrechen. Ein einziger Satz genügt.

»Der Onkel aus Chiang Mai kommt gleich vorbei. Er hat es durch Sirilaks Sohn ausrichten lassen. Er will dich sehen. Geh zum Brunnen und wasch dich, wasch dir die Haare, räum deine Sachen zusammen und komm dann wieder hierher.«

Diese Worte sind schrecklich. Der Berg stürzt ein. Ihre Knie werden weich. In ihrem Kopf schlagen tausend Gongs Alarm. Die Stimme ihrer Mutter, die sich nicht umdrehen wollte oder es nicht gewagt hat, ist vollkommen tonlos. Und doch furchtbar traurig und müde, als hätte sie im Lauf einer schlaflosen, schicksalhaften Nacht ihren Klang verloren.

Lao weiß sofort Bescheid. Sie weiß nicht alles, aber sie ahnt es. Sie hat immer gewusst, dass eines Tages ein Onkel kommen und sie holen würde, damit sie bei ihm arbeitet, in der Stadt, und dass sie ihm sein Haus in Ordnung halten müsste, die Wäsche waschen, in der Küche helfen. Der Onkel hat Geld, ihr Vater hat keins. So ist es eben, da kann man nichts machen.

Die Amulette, die die Priester verkaufen, können die gefährlichen *phi-is* fern halten, die bösen Geister, aber für alles andere ist ein jeder gehalten, sich an sein Schicksal zu wenden. Es bestimmt, was zu tun ist. Heute hat das Schicksal die Form des Mannes aus Chiang Mai angenommen. Wenn es *khao pat* in den Schüsseln gibt, dann ist das, weil er Geld für die Kleine angezahlt hat. Also, Dank sei dem Schicksal, Dank sei dem Onkel.

Bei den Akhas und den anderen Bergvölkern sind Töchter eine krisensichere Handelsware, wenn sie noch sehr jung sind, manchmal unter zehn Jahre. Laos große Schwester Bee hat den Weg ins Exil bereits widerspruchslos auf sich genommen. Sie wurde zu den Freunden eines anderen Onkels geschickt. Die Eltern bekamen das Geld und sahen ihre Tochter nicht mehr wieder. Dem Hörensagen nach ist sie glücklich, wächst gut auf, irgendwo in der Nähe von Bangkok. Sorgen sind ohnehin nur etwas für die Reichen.

Nachdem sie den ersten Schreck über die Nachricht überwunden hat, reiht Lao ihre Handgriffe wie eine zukünftige gute kleine Dienerin aneinander. Man widersetzt sich seiner Mutter nicht. Sie weiß, was für ihre Kinder gut und was schlecht ist. Jetzt, jetzt gleich, muss sie ihrer Aufgabe gewachsen sein. Sie zieht ein gelbes Baumwollkleid an und bindet sich einen Schal in warmen Farben um. Sie ist ein kleines Mädchen und sie macht aus ihrer Abfahrt, an die vor ein paar Stunden noch niemand gedacht hat, ein Fest. Sie wird die Stadt kennen lernen!

Der Onkel, den sie noch nie gesehen hat, scheint freundlich zu sein. Sie brechen auf dem Rücken eines Maultiers über den staubigen Weg auf, der nach Chiang Mai führt. Er drückt sie fest an sich, zu fest, aber sie achtet nicht darauf. Sie ist elf Jahre alt und döst bereits im wiegenden Rhythmus des Reittiers vor sich hin. Sie wurde gerade für 8 000 Baht verkauft und ahnt nichts davon.

Lao liegt immer noch auf dem fleckigen Teppich von Zimmer 12 und lässt die Bilder in ihrem Kopf ablaufen wie auf einem Bildschirm. Sie lächelt.

Es tat gut, sich das Wasser aus dem Dorfbrunnen übers Gesicht fließen zu lassen, wenn die schreckliche Nachmittagshitze Männer, Frauen, Kinder, Hühner und Schweine überwältigt.

Der weiße Mann schnarcht jetzt. Ihr Vater hatte auch immer geschnarcht. Zu Hause schliefen alle im einzigen Raum des oberen Stocks, eng aneinander geschmiegt; es gab keine Geheimnisse. Zu Hause ... Sie hat die Spitze ihrer Decke nicht losgelassen, krallt sich an ihren Träumen fest. Alles liegt erst so kurz zurück. Vor kaum einem Monat war sie im Haus des Onkels aufgewacht. Sie erinnert sich noch genau an diesen Moment.

Ach, wie wunderbar war dieser erste Tag in der Stadt! Sie konnte gar nicht genug schauen, um die ganze Umgebung zu erfassen. Das Haus des Onkels war mit Ziegeln gedeckt! Und so groß wie ein Tempel! Und voller Vasen, Skulpturen und Wandbehänge. Und ein Büro mit einem Telefon, das ständig klingelte! Ein Telefon! Sie hatte noch nie zuvor eines gesehen. Alles war so neu, unvorstellbar.

Sie schlüpfte nach draußen, als ein Hahn mit seinem Krähen den Sonnenaufgang verkündete, öffnete die Tür des kleinen, fensterlosen Zimmers, in dem sie die Nacht verbracht hatte, und stieg über den schlafenden Mann, ohne zu wissen, dass er ihr Wächter war.

Sie ist frei, fühlt, wie die Stadt erwacht.

Das Viertel grenzt an einen Markt an der Böschung des Flusses. Hunderte von Verkäufern sind dort schon geschäftig, richten ihre Läden in komischen Häuschen ein, die mit durchbrochenem Holz dekoriert sind.

Lao fasst alles an, atmet die zahllosen Gerüche der Straße ein, ist verzückt über die Auslagen mit Obst und Gemüse, bleibt lange mit offenem Mund stehen, als sie die Hochhäuser aus dem Nebel auftauchen sieht, etwas Unvorstellbares. Es kommt ihr nicht eine Sekunde in den Sinn, dass dort Menschen wohnen könnten.

Nachdem sie ein paar Stunden in den Straßen herumgestöbert hat, berauscht vom Reigen der Autos und *tuktuks*, lehnt sie sich gegen einen Berg aus Stoffballen und schläft mit einem Lächeln auf den Lippen ein. Ein kleines Mädchen aus den Bergen, geblendet vom Trugbild der Stadt.

Das Erwachen ist brutal, schmerzhaft. Eine eiserne Faust umklammert ihren Arm, schleift sie ein paar Meter hinter sich her, hebt sie hoch wie ein lebloses Bündel, schleudert sie auf den Sitz eines Wagens, der sogleich mit Vollgas zum Viertel des Onkels fährt.

Im Zimmer 12 wird Lao plötzlich unruhig. Ihr Lächeln verschwindet. An diesem Punkt ihrer Erinnerungen verschwimmen die Bilder, färben sich schwarz. Sie möchte sich schütteln und alles anhalten, aber die Bilder laufen gegen ihren Willen weiter. Ein Film, bei dem man das Wort *Ende* sehen muss, damit der Albtraum aufhört. Sie liegt seufzend am Fußende des Bettes. Der Mann brummt vor sich hin, schnauft, dreht sich um, hustet, schläft wieder ein. Sie erinnert sich, wieder und wieder.

Während der ganzen Fahrt umklammert die Hand sie mit eisernem Griff. Noch lange würde sie davon einen blauen Fleck auf dem Unterarm behalten. Sie versteht überhaupt nichts mehr. Wo ist der Onkel? Sie erkennt doch das Haus wieder, sie könnte es schwören. Das Zimmer, in dem man sie eingesperrt hat, wird von einer schwachen Glühbirne erleuchtet. Lao ist sich ziemlich sicher, dass es an das angrenzt, in dem sie die Nacht verbracht hat. In der Ferne klingelt andauernd ein Telefon, das gleiche Klingeln wie am Vortag. Haben alle Häuser in Chiang Mai ein Telefon? Woher soll sie das wissen?

Erst gegen Abend stoßen zwei Unbekannte die Tür auf. Sie sind stämmig und dunkelhäutig. Vielleicht Chinesen? Sie reden schnell, Lao versteht nicht alles, was sie sagen. Ihre Gesichter sind feister als das Hinterteil eines Elefanten. Der Kleinere kommt näher und schlägt sie plötzlich, mit einer solchen Wucht, dass sie über den Boden rollt und sich am linken Ellbogen verletzt.

»Du bist abgehauen. Das darfst du nie wieder tun, hörst du, nie wieder!«

Mit einem Fußtritt in den Bauch verleiht er seinem Satz Nachdruck. Er schreit noch einmal: »Nie wieder!« Ein letzter Fußtritt, und er ergänzt: »Sonst stirbst du!«

Angesichts von so viel Gewalt bleibt Lao nichts, als die Zähne zusammenzubeißen. Die Tür schlägt zu und das Licht geht aus. Das ist alles für heute Abend.

Lao schreit, weint, bis sie keine Tränen mehr hat. Dann beruhigt sie sich nach und nach. Ihr Ellbogen tut ihr weh, und der Bauch. Sie fürchtet sich in dieser absoluten Dunkelheit und sie hat Durst. Aber sie ruft nicht nach ihrem Onkel. Tief in ihrem Innern weiß sie Bescheid. Durch einen Sinn, den sie nicht benennen könnte, eine Unterwürfigkeit, die sie mit der Muttermilch eingesogen haben muss, weiß sie es. Sie wird ihren Onkel nicht wieder sehen. Ob es ihn jemals gegeben hat, diesen Onkel? Hat ihre Mutter überhaupt je einen Bruder gehabt? Sie ist schon nicht mehr Herr ihrer Sinne, der Zweifel hat sie bereits unterworfen. Pakpao, der kleine Drache, wurde von dem bösen Chula aufgespießt.

Nachts stießen die Mäuse mit ihren Schnauzen gegen ihre Schenkel. Sie fing wieder an zu schreien. Vergeblich. Sie hatte Hunger, dann Durst, musste pinkeln, schließlich wurde ihr kalt. Die Mäuse lachten Lao aus in ihrer Not. Morgens war sie völlig zerschlagen und empfing den Wächter mit seiner Schale voll Suppe wie den größten Wohltäter. Sie senkte den Kopf und reagierte nicht. Er verstand, dass er gewonnen hatte. Diese kleinen Akhas waren einfach in den Griff zu bekommen. In Bangkok würde er einen guten Preis für sie erzielen. Sie ist matt gesetzt, ihr Wert ist ihm sicher. Die Kinder dürfen nicht aufmucken, der Ruf der Filiale von Chiang Mai steht sonst auf dem Spiel. Ihre Schwestern und sogar ihre Mütter haben vor ihr das Gleiche durchgemacht, weshalb sollte sich daran etwas ändern?

Der Mann lacht über den erhobenen Arm des Mädchens. Sie dachte wohl, er würde sie wieder schlagen, wirklich zu komisch! Verschreckt wie eine echte Jungfrau! Sie ist echt dämlich, aber eigentlich ganz niedlich, so sauber und adrett. Das kommt nicht so oft vor. Warum sollte er sich also diese Gelegenheit entgehen lassen?

Er fühlt sich topfit. Der Chef des Binturong-Hotels würde bestimmt nicht überprüfen, ob die Kleine noch Jungfrau ist. Wenn ein Kunde käme und ihm sagen würde, dass die Ware nicht in Ordnung war, würde er noch lauter schreien als der andere und mit der Polizei drohen (immerhin zahlt er ihnen genug Schmiergeld, damit sie nach seiner Pfeife tanzen), und der eingeschüchterte *farang* würde den Schwanz einziehen und sich davonschleichen. Er lacht noch einmal über diesen guten Witz. Mit der Selbstgefälligkeit eines kleinen Provinzzuhälters leckt er sich die dicken Lippen, beugt sich über Lao und säuselt ihr lüstern ins Ohr: »Zieh dich aus!«

Sie gehorcht, unterjocht von den Befehlen des Erwachsenen, der zehnmal größer und stärker ist als sie selbst, mitgerissen von einem Anflug von Bitterkeit einer Welt, die sie nicht versteht. Dann geht alles sehr schnell. Die Bilder jagen sich gegenseitig, bis schließlich ein riesiger schwarzroter Schleier über ihre Erinnerungen fällt.

Nie wird sie genau wissen, was passiert ist. Die Erwachsenen haben mit einem Skalpell in ihrem Gedächtnis herumgeschnitten.

Das Wort *Ende* erscheint, sobald der Mann sie nackt, wie sie ist, an den Handgelenken hochhebt. Zu Ende sind ihre Wettrennen durch die Berge, zu Ende die Rutschpartien mit dem Leiterwagen über das steile Wegstück in ihrem Dorf, zu Ende die Lachanfälle mit ihren Schwestern, zu Ende das Geräusch des Windes, der durch das Strohdach bläst, zu Ende der Reiz der kühlen Morgen, an denen sie sich die Decke bis über die Nase zog, zu Ende die Mahlzeiten mit ihrer Familie, auch wenn sie karg ausfielen, zu Ende die Sorglosigkeit ihres

Kleinmädchenkörpers. Es ist das Ende ihres Orchideenbauchs, das Ende der Unschuld, das Ende der ungetrübten Hoffnung ihrer Kindheit. Ende.

Was war geschehen, bevor sie auf dem Zementboden der Schlafgarage des Binturong gelandet war? Sie weiß es nicht mehr. In diesem schwarzen Loch ihrer Erinnerungen herrscht völliges Durcheinander, der stechende Schmerz ihres zerrissenen Unterleibs, der faulige Atem ihres Gefängniswärters, sein Grunzen, die unendlich lange Reise auf dem Rücksitz einer alten Schrottkiste, die Hände von Malako, der Papaya, die zum Empfang in sie eindrangen und sie erneut unterwarfen.

Und gleich am nächsten Tag die ersten Freier, die sie vergewaltigten. Mindestens drei von ihnen glaubten an ihre Jungfräulichkeit und meinten, sie könnten deshalb kein AIDS bekommen.

In der ersten Woche musste sie sich jeden Morgen und jeden Abend übergeben, später brauchte sie dann nur noch ihren Speichel auszuspucken und schließlich gewöhnte sich ihr mitgenommener Körper daran. Mittlerweile ist sie einfach eine kleine, elfjährige Nutte wie tausend andere, die in den Hotels von Bangkok vor sich hin vegetieren.

Sie zieht an der Bettdecke in Zimmer 12, damit der *farang* aufwacht; denn sie fürchtet sich so ganz nackt, ganz allein mit ihren Erinnerungen. Immer noch besser, von jemand Lebendigem angefasst zu werden, als sich so tot zu fühlen wie in diesem Moment. Als sie die Bettdecke zu sich herzieht, stößt sie gegen die Mekong-Flasche. Die Luft des Zimmers füllt sich mit einem zähflüssigen Alkoholgeruch an. Zum Ersticken.

Frédéric schnaubt, wacht von seinem Nickerchen auf. Sein Mund ist pelzig. Er schnuppert. Hier stinkt's! Was für ein dämliches Gör! Er hat furchtbar miese Laune, wie jedes Mal, wenn er von diesem verdammten Fusel probiert hat. Und er kann nicht mal Leitungswasser trinken, die Amöben richten schreckliche Verwüstungen in den Eingeweiden der Touristen an, man muss aufpassen mit dieser Brühe.

Er ruft Xiam, bestellt eine Flasche Mineralwasser und prüft sorgfältig, ob der Deckel noch richtig verschlossen ist. Frédéric ist nicht dumm, er weiß sich zu schützen. In großen Schlucken trinkt er das saubere Wasser und wischt sich mit dem Handrücken über die Lippen.

Aber er verschwendet nicht einen Gedanken an einen anderen Schutz, den er in diesem Bordell verwenden sollte, einen Schutz für sich selbst und für Lao. Ein Kondom? Soll das ein Witz sein?! Frédéric hat nicht vierzehn Stunden Flug auf sich genommen, um sich ein Kondom überzuziehen! Er hat Angst vor Amöben, aber nicht vor AIDS, schon gar nicht bei diesen jungen Thai-Mädchen, die noch überhaupt keine Zeit hatten, mit dem Virus in Berührung zu kommen!

Um seine Haltung zu rechtfertigen, legt er sich ein paar abstruse Erklärungen zurecht, das reicht ihm. Doch leider ist er völlig auf dem Holzweg. Früher oder später wird er oder ein anderer *farang* die Liebesseuche mit Lao teilen. Irgendwann wird er oder ein anderer sie mit AIDS anstecken, und AIDS bedeutet den Tod. Es gibt kein harmloseres Wort dafür.

Ein brutales Klopfen ist an der Tür zu hören.

Xiam schreit: »Die Zeit ist abgelaufen, Sir!«

Frédéric hat für zwei Stunden bezahlt. Er kramt in seiner Hosentasche, bindet sich ein Handtuch um die Hüften und hält dem Etagenkellner durch die

Tür ein Bündel Geldscheine hin. Er will noch einmal zwei Stunden, denn er hat noch andere Spiele im Kopf.

Er zieht eine Polaroidkamera aus seiner Tasche, das neueste geschmuggelte Modell, das er direkt nach der Landung gekauft hat, pflanzt sich vor der verspiegelten Schranktür auf, das Handtuch liegt nun an seinen Füßen. Er gefällt sich, findet sich gar nicht schlecht.

Mit seinen vierzig Jahren ist er ein wenig kahl auf der Stirn, doch sein Körper ist noch sehr athletisch, und dieses aufgerichtete Glied so edel, findet er, dass nur kleine Mädchen vor der Pubertät seiner würdig sind. Ein abgedroschener Irrglaube, den viele Pädophile mit ihm teilen.

Der Blitz im Spiegel wirft das groteske Bild des *farang* zurück, der auf Pakpao reitet. Er bellt seine Begierde wie Befehle an die kleine Sklavin. »Auf die Knie! Beine breit! Hinlegen! Hintern hoch!«

Und da sie die Sprache nicht versteht, schiebt er sie herum wie eine Marionette, ohne jegliches Feingefühl. Bei jedem Blitz macht Lao die Augen zu. Er schreit sie an, zerrt an ihren Lidern. Sie muss es sehen, alles liegt in ihrem Blick.

»Schau, los, schau endlich. Lächeln!«

Er steckt ihr zwei Finger in den Mund und zieht an den Mundwinkeln.

»Lächeln, smile, lächeln, lächle, verdammt noch mal!«

Doch wenn Frédéric auch die Fasern von Laos Körper in der Hand hält – ihre Seele bekommt er nicht. Ihre Lippen öffnen sich, doch ihre Züge bleiben reglos. In einem Opfer glimmt immer ein kleiner Funke des Widerstands, ein Licht, das niemand auslöschen kann und das die Folterer wahnsinnig macht. Sie glauben, neue Wege der Lust zu erforschen, und geraten dabei bloß in eine Sackgasse. Deshalb töten sie manchmal auf dem Höhepunkt ihrer Lust.

Lao nimmt die gewünschten Stellungen ein, gehorcht, fummelt an dem Mann herum. Frédéric bestückt das Fotoalbum, das er an den langen Winterabenden durchblättern wird, das er in einsamen Stunden der Lust zum Einsatz bringen und bei Gelegenheit seinen Freunden in der Kneipe zeigen wird.

»Mann, dieser Frédo, der hat vielleicht was erlebt, so ein Gauner, nein, was für ein Kerl!«

Jetzt wird Lao von der Müdigkeit übermannt. Zwischen zwei Posen rollt sie sich zusammen wie ein Kätzchen, träumt von der Matte im Schlafraum wie von einem kuscheligen Nest. Das Höchste für diese kleine Sklavin: von ihrem Knast zu träumen.

Dieser Weiße soll mich endlich in Ruhe lassen, denkt sie. Aber er wird schon wieder sauer. Ganz schön schlaff, diese Bergbewohnerinnen. Taugen gerade mal dazu, Mekong-Flaschen umzuwerfen. Jetzt reicht's mir aber!

Was soll's, er hat eine volle Ladung Pornofotos gemacht. Wenn er Glück hat, kann er einem holländischen Freund, der die Pädophilenringe in Europa kennt, ein paar davon andrehen. Vielleicht kann er damit sogar seine Reise finanzieren. Eine letzte Großaufnahme von dem Mädchen, das diesmal tief eingeschlafen ist wie ein Baby – den Hintern in die Luft gestreckt – und er zieht sich wieder an. Sein T-Shirt stinkt nach Alkohol.

Er geigt dem Etagenkellner ordentlich die Meinung über das Mädchen und geht pfeifend die Treppe hinunter.

Drei Uhr morgens, die Disco des Binturong ist zum Bersten voll, es herrscht reges Kommen und

Gehen. Es gibt keine Kontrolle, das an der Tür angeschlagene Schild *no charge* beruhigt die Kunden mit einem neongrünen verstohlenen Blick. Das Schauspiel sinkt auf allerunterstes Niveau ab, sechsjährige Jungen, die zum Schein Zigaretten verkaufen, baggern Biertrinker an und schieben ihnen ihre kleinen Händchen in den Hosenschlitz.

Frédéric lächelt. Draußen atmet er tief die immer noch feuchte Nachtluft ein. Die Autoabgase sind dem Geruch der Bäume im Lumpinipark gewichen, wo die kleinen Klebstoffschnüffler gerade im Gebüsch einschlafen.

Der Mond sieht aus, als wäre er auf den Rücken gefallen, Frédéric hat ein seliges Lächeln auf den Lippen, er verspürt einen gewissen Weltschmerz. Ein Taxi bringt ihn ins klimatisierte Hotel. Morgen früh gibt es Brunch am Pool. Seine Ferien sind wirklich gelungen. Und sie sind noch lange nicht zu Ende.

Xiam treibt Lao mit einem heftigen Fußtritt in den Hintern an. Sie braucht mehrere Minuten, bis sie begreift, was los ist, wo sie ist. Er schiebt sie rabiat ins Treppenhaus, ruft Malako und sagt ihm, dass der *farang* aus Zimmer 12 unzufrieden war. Der Gelbhäutige explodiert, zerrt Lao in den Schlafraum, beschimpft sie. Bevor er sie zu den Matten schubst, wo die anderen Mädchen schon schlafen, drückt er ihr noch sorgfältig die glühende Spitze seiner Zigarette auf die Schulter und dreht sie langsam hin und her. Dabei hebt er ihr Kinn an.

»Lächeln, kleines Miststück, lächeln!«

Das Mädchen schreit nicht, sie bricht zusammen, kriecht bis zur Matte und versinkt in ihre Nacht.

Nun endlich kann sie wieder zurück in ihr Dorf, endlich kann sie auf den Pfaden hinter den Bergschmetterlingen herrennen, deren Flügel mit smaragdgrünem Staub gepudert sind.

TEIL II

INFORMATION UND DISKUSSION

In Asien, Lateinamerika und Afrika werden hunderttausende häufig sehr junger Kinder von Männern aus ihrem eigenen Land, aber auch von den so genannten Sextouristen sexuell ausgebeutet.

DIE SEXUELLE AUSBEUTUNG VON KINDERN

Die sexuelle Ausbeutung von Kindern ist verabscheuungswürdig. Kinder werden an Erwachsene »vermietet«, um deren sexuelle Triebe zu befriedigen.

Heute werden Kinder vor allem in Afrika, Asien, Lateinamerika und der Karibik gezwungen, sich allen Wünschen ihrer erwachsenen Kunden zu beugen: Berührungen, Vergewaltigungen, perverse Spiele ... Besonders betroffen von der Kinderprostitution sind Länder, die von so genannten Sextouristen bereist werden.

Sextourismus

400 Millionen Menschen reisen durch die Welt. Ein Teil der Touristen wird seit einigen Jahren von den exotischen Paradiesen angezogen und von der Möglichkeit, dort sexuelle Abenteuer mit einheimischen Frauen und Kindern zu erleben. Der internationale Tourismus ist ein sehr wichtiger Sektor der Weltwirtschaft.

Man kann zwar nicht behaupten, der westliche Tourismus sei die Ursache der Prostitution in Asien – sie existierte bereits vorher. Doch der Tourismus ermöglichte es, dass sie sich in zahlreichen Regionen einnisten und sich beträchtlich entwickeln konnte. Die Werbung, in der die Exotik und das unbeschwerte Leben dieser Länder angepriesen wurde, spielte eine wesentliche Rolle bei der Verbreitung der Prostitution. Viele Touristen reisen ins Ausland, um sexuelle Abenteuer zu erleben, die in ihrem eigenen Land verboten sind und gerade deshalb besonders reizvoll erscheinen.

Sexrundreisen

In Thailand und auf den Philippinen werden regelrechte *Sexrundreisen* organisiert, vor allem für die japanischen Touristen. Japan ist außerdem bekannt für den Import zahlloser blutjunger Philippininnen für die Bordelle. Seit Anfang der achtziger Jahre fallen besonders japanische und australische Touristen durch ihren ausgeprägten sexuellen »Appetit« auf Kinder auf.

Ein internationales Massenphänomen

Sextourismus und Kinderprostitution gibt es vor allem, aber nicht nur in Ländern der so genannten Dritten Welt. So liegt die Zahl minderjähriger Prostituierter in den USA schätzungsweise zwischen 100 000 und 300 000. Aber auch direkt vor unserer eigenen Haustür blüht das Geschäft mit dem Kindersex, neuerdings vor allem in den Grenzregionen von Tschechien und Polen. Vieles deutet darauf hin, dass in naher Zukunft die ehemaligen Ostblockländer zu einem weiteren Magnet für Sextouristen werden könnten.

DIE URSACHEN DER KINDERPROSTITUTION

Die Hauptursache der Kinderprostitution ist die Armut. Doch diese Form der Prostitution ist außerdem ein Zweig des organisierten Verbrechens.

Es ist seit langem bekannt, dass Prostitution, namentlich Kinderprostitution, in den armen Ländern besonders gut existieren kann, weil die Regierungen nicht über ausreichende Mittel verfügen, um die bestehenden Kinderschutzgesetze auch durchzusetzen.

Modernes Profitdenken verbindet sich in vielen Gesellschaften mit dem traditionellen Glauben, dass Kinder, besonders Mädchen, ein persönliches Eigentum seien, das ausgenutzt werden kann.

Hinzu kommt, dass die Prostitution eine Nachfrage der westlichen Touristen befriedigt. Diese Nachfrage entsteht in den westlichen Gesellschaften durch deren zunehmende Individualisierung, also den Hedonismus, der dem Glück oder dem Genuss des Einzelnen den höchsten Wert zumisst.

Kriminelle Organisationen

Die Verantwortlichen für die Kinderprostitution sind selten Einzeltäter. Die beträchtlichen Gewinne in diesem Geschäft führten dazu, dass sich ein internationales Netzwerk der Sexmafia gebildet hat. Die Verbrecherringe verdienen mit Kinderprostitution, Kinderhandel und Kinderpornographie Milliarden. Zuhälter und kriminelle Organisationen verkaufen ihre Opfer an Bordelle und Einzelkunden im In- und Ausland. Das Risiko einer Strafverfolgung ist in den letzten Jahren zwar etwas gestiegen, aber nach wie vor ziemlich gering.

Zu den Kunden der Kinderhändler gehören unter anderem Tarnorganisationen von Pädophilenkreisen, die Kinder für ihre Mitglieder kaufen. Manche dieser Organisationen haben sogar angebliche ›Heime‹ und ›Waisenhäuser‹ für arme Kinder eingerichtet. Diese sind in Wirklichkeit regelrechte Warenlager für pädophile Kunden aus aller Welt. Man hat bereits über zwanzig Organisationen enttarnt, die westlichen Pädophilen Reisen anboten und Adressen ›ungefährlicher‹ Häuser vermittelten.

WER SIND DIE TÄTER?

Touristen wie Frédéric oder Reno und Guido, so genannte Gelegenheitspädophile, stellen zwar die größte Bedrohung für die Kinder in den asiatischen Ländern dar, doch sind sie keineswegs die einzigen Freier. Zahlreiche Pädophile und Menschen mit sexuellen Störungen sind ebenfalls eifrige Kunden dieser Märkte.

Was ist ein Pädophiler?

Ein Pädophiler ist ein Erwachsener, der sich von Kindern sexuell angezogen fühlt, seien es Mädchen oder Jungen. Nach Ansicht von Psychologen handelt es sich dabei um Menschen, die sich durch intensive sexuelle Phantasien oder Triebe zum Sex mit noch nicht geschlechtsreifen Kindern gedrängt fühlen.

Pädophile geben oft vor, vernachlässigten Kindern emotional oder moralisch etwas Gutes zu tun, doch in Wirklichkeit ist ihr eigenes Vergnügen der wichtigste Beweggrund für ihr Handeln. Die meisten Psychologen sind sich darüber einig, dass zahlreiche Pädophile in ihrer Kindheit selbst sexuell missbraucht wurden.

Pornographie

Schätzungen zufolge stammt die Nachfrage nach Kinderpornographie zu 85 Prozent von Pädophilen aus Europa und den USA. In den meisten Ländern ist zwar die Produktion und die Verbreitung kinderpornographischer Publikationen verboten, nicht jedoch deren Besitz. Die Strafverfolgungsbehörden sind daher nicht besonders erfolgreich.

Beim Stockholmer ›Weltkongress gegen kommerzielle sexuelle Ausbeutung von Kindern‹ im Jahre 1996 verpflichteten sich die Mitgliedsstaaten, ihre Gesetzgebung zu ändern. In Deutschland, Österreich, Kanada, den USA, Norwegen und Großbritannien wurden erst kürzlich entsprechende Gesetze erlassen, die auch den Besitz kinderpornographischen Materials unter Strafe stellen.

Drogen und Gewalt

Manche Pädophile wenden den Kindern gegenüber Gewalt an: Verbrennungen mit Zigaretten, Schläge, Verletzungen im Genitalbereich. Die Kinder können sich gegen diese Gewalt nicht wehren, weil sie in den meisten Fällen wie Gefangene gehalten werden. Die Drogen, die sie verabreicht bekommen, machen sie noch willenloser, wenngleich sie ihr körperliches Leiden und ihren seelischen Notstand dadurch weniger spüren.

Immer jünger

Während die Ausbeutung wächst, sinkt das Alter der betroffenen Kinder immer weiter nach unten. Schon Zehnjährige arbeiten auf der Straße oder im Bordell. Sextouristen suchen sich unter anderem deshalb immer jüngere Kinder, weil sie glauben, so dem Risiko einer AIDS-Infektion zu entkommen. Das ist jedoch ein verhängnisvoller Irrglaube. Im Gegenteil: Kinder sind aus anatomischen und organischen Gründen äußerst anfällig für AIDS und Geschlechtskrankheiten. Das Problem wird durch die mangelnde medizinische Versorgung dieser Kinder noch zusätzlich verstärkt. So hat AIDS den sexuellen Missbrauch von Kindern und die Kinderprostitution gefährlicher als je zuvor gemacht. Untersuchungen aus allen Ländern zeigen, dass der Anteil der HIV-Infizierten unter Kinderprostituierten und Straßenkindern besonders hoch ist.

Häufig entschuldigen sich die Freier dieser Prostituierten mit der Behauptung, ein pubertierendes Mädchen sei kein Kind mehr und in den südlichen Ländern setze die Pubertät früher ein.

Es gibt allerdings eine international anerkannte Definition von Kindheit: Nach dem Abkommen der Vereinten Nationen versteht man unter einem Kind »jeden Menschen unter achtzehn Jahren, es sei denn, die Volljährigkeit wird nach der gültigen Rechtsprechung früher erreicht.«

Die Gelegenheitspädophilen

In den westlichen Ländern verbreitet die Werbung, die die Vorzüge der Reiseländer anpreist, häufig aufreizende Bilder von Kindern. Manche Touristen praktizieren in diesem besonderen Zusammenhang pädophilen Sex, den sie in ihrem eigenen Land, wo dieser meistens verboten ist, niemals ausüben würden.

Die Gefahr, wegen Kindesmissbrauchs im Ausland vor einem deutschen Gericht angeklagt zu werden, ist eher gering.

»Mit acht Jahren bettelt Rosario mit ein paar anderen Kindern im Auftrag einer Frau, die ihnen als Gegenleistung ein Dach über dem Kopf bietet. Obwohl sie noch so jung ist, hat sich Rosario durch ihre Lebhaftigkeit und ihre Unabhängigkeit, für die sie geliebt und geachtet wird, schon als Bandenchefin durchgesetzt.

Eine ältere Freundin, die von Amerikanern vergewaltigt wurde, warnt sie. Trotzdem wird Rosario mit zehn Jahren ebenfalls vergewaltigt.

Von diesem Tag an wird sie zum sexuellen Spielzeug pensionierter amerikanischer Marineoffiziere, dann von Touristen und Seeleuten. Die sexuelle Gewalt, die sie den Kindern zufügen, ist häufig so schmerzhaft, dass sie ihnen zur Betäubung Drogen verabreichen. Deshalb können sich die Kinder später manchmal nicht mehr daran erinnern, was sie selbst oder ihre Freunde in ihrer Gegenwart durchgemacht haben.«

Dora-C. Valayer, Prostitution enfantine et tourisme,
Bangkok, IEF, 1992.

WER SIND DIE OPFER?

Die Opfer sexueller Ausbeutung sind Kinder beiderlei Geschlechts. Und in allen Ländern, in denen es Sextourismus gibt, führt die Angst vor AIDS zur Suche nach immer jüngeren Sexualpartnern, in dem Irrglauben, die Ansteckungsgefahr werde dadurch geringer.

Die Mädchen

Die Kombination von Armut, Hunger und traditioneller Geringschätzung der Frauen macht vor allem Mädchen aus Südostasien zur billigen Handelsware. Die meisten werden von ihren Familien verkauft oder durch Kinderhändler verschleppt und versklavt. In Thailand gewähren die Anwerber den Familien Darlehen im Austausch gegen die kleinen Mädchen, denen sie angeblich Arbeit verschaffen wollen. Die Eltern unterschreiben einen Schuldschein über die empfangene Summe. So kann der Anwerber, falls eines »seiner« Mädchen später fliehen sollte, vor Gericht von den Eltern die Rückzahlung der Darlehenssumme, die in Wirklichkeit ein Kaufpreis ist, verlangen. Die Mädchen werden dann in die Stadt gebracht, wo sie zunächst als Serviererinnen in einem Bordell arbeiten müssen, bis sie dem ersten Kunden angeboten werden. Gerade dieser erste Geschlechtsverkehr läuft häufig unter den entsetzlichsten Bedingungen ab. Die Kinder behalten davon tiefe und lang anhaltende Schuldgefühle zurück.

Die Tatsache, dass sie sich mit den ausländischen Touristen nicht verständigen können, verstärkt bei den Kindern das Gefühl, ein bloßes Objekt zu sein. Da sie meist aus unterschiedlichen Ländern kommen, können sich die Mädchen oft nicht einmal untereinander verständigen. Das macht sie noch verwundbarer und wehrloser.

»Etwa 20 000 Frauen und Mädchen aus Birma, die jüngsten von ihnen nicht einmal dreizehn Jahre alt, arbeiten in thailändischen Bordellen. Sie werden dort einer Behandlung unterworfen, die sexueller Sklaverei gleichkommt. Vergewaltigungen, illegale Abtreibungen und Schläge sind an der Tagesordnung. Die meisten dieser Frauen und Mädchen waren bei ihrer Ankunft in Thailand noch Jungfrau. Wenn sie das Land verlassen, sind fünfzig bis siebzig Prozent von ihnen HIV-positiv.«

Bericht von Human Rights Watch, New York.

Die Jungen

Die Situation der Jungen unterscheidet sich stark von der der Mädchen. Viele kleine Jungen verlassen ihre Familie aus eigenem Antrieb, weil sie sich abgelehnt fühlen oder ganz einfach, weil sie nichts zu essen haben. Für sie ist der Schritt in die Prostitution scheinbar ein Schritt in die Freiheit. Die Jungen lernen mit allen möglichen Mitteln zu überleben und schließen sich dabei fast immer einer Bande an. Die Banden sind kriminell und ihre Regeln werden von Prostitution, Drogen, Gewalt und zuweilen tödlicher Rivalität gegenüber anderen Banden bestimmt.

Trotz ihrer Brutalität gibt die Prostitution und der daraus erwachsende Nutzen den Kindern die Illusion von Zuneigung, die bei den zufälligen Kunden flüchtig, im Fall von »Adoptionen« beständiger ist. Tatsächlich werden die Jungen, wenn sie von einem Pädophilenring vermittelt werden, manchmal eine Zeit lang versorgt. Sie werden zum Spielzeug eines reichen Ausländers, der seinen Lebensstandard mit ihnen teilt. Aber diese »Beziehung« endet, sobald der Junge in die Pubertät kommt und gegen einen oder mehrere jüngere ausgetauscht wird.

> **»Auf die Frage, wie für ihn die erste Erfahrung mit der Prostitution gewesen sei, antwortete ein etwa vierzehnjähriger Junge: ›Ich hatte keine andere Wahl.‹ Ob er auf das Werben eines Erwachsenen einging, war für ihn an diesem Tag buchstäblich gleichbedeutend mit der Frage, ob er etwas zu essen haben würde oder nicht.«**
>
> **Dora-C. Valayer, Prostitution enfantine et tourisme, Bangkok, IEF, 1992.**

Die Folgen des sexuellen Missbrauchs

Kinderprostitution, Kinderhandel und Kinderpornographie zählen zu den schlimmsten Menschenrechtsverletzungen. Sie sind nichts anderes als moderne Sklaverei, zerstören die Gesundheit, das seelische Gleichgewicht und das Grundvertrauen der Kinder. Immer wieder wird berichtet, dass Kinder in Bordellen gefoltert wurden – eingesperrt, angekettet, geschlagen, vergewaltigt, mit Zigaretten verbrannt oder durch Schnittwunden verstümmelt. Sie leiden nicht selten unter Geschlechtskrankheiten und Infektionen, von denen AIDS die schlimmste ist. Oft werden die Kinder von ihren Ausbeutern absichtlich drogenabhängig gemacht.

Nicht zuletzt bedeutet Prostitution für die Kinder und Jugendlichen ein Leben in der Illegalität. Die Kinder fürchten die Strafverfolgung durch die Polizei. Sie leben in einem kriminellen Milieu, lernen dessen Regeln und bleiben häufig ihr ganzes Leben lang darin gefangen.

Die Opfer der Prostitution leiden nicht nur lebenslang unter den körperlichen und seelischen Störungen durch die Misshandlungen, sie werden in ihrer Gesellschaft auch sozial gebrandmarkt und ausgegrenzt. So haben sie wenig Chancen auf Ausbildung, einen Arbeitsplatz oder auf eine Heirat. Die Selbstmordrate unter Jugendlichen in Thailand ist eine der höchsten der Welt und es gilt als sicher, dass diese Entwicklung in unmittelbarem Zusammenhang mit der Zunahme des Sextourismus steht.

EIN WELTWEITES PROBLEM

Sexuelle Ausbeutung von Kindern ist heute in fast allen Ländern der Welt verbreitet. Einige Länder jedoch sind stärker davon betroffen als andere, vor allem diejenigen, die auf den Tourismus setzen, um ihre wirtschaftlichen Probleme zu lösen.

Die asiatischen Vorreiterländer

- **Thailand:** Dieses Land ist den Angaben des *Center for Protection of Child Rights* zufolge am stärksten betroffen. Danach gibt es in Thailand ungefähr zwei Millionen Prostituierte, von denen 800 000 unter sechzehn Jahre alt sind. Die Regierung nennt dagegen eine Zahl von nur 80 000, das sind zehnmal weniger!

- **Die Philippinen:** UNICEF schätzt, dass dort zwischen 50 000 und 100 000 Kinder unter sechzehn Jahren sexuell ausgebeutet werden.

- **Sri Lanka:** Schätzungen zufolge prostituieren sich dort etwa 10 000 Jungen zwischen sechs und vierzehn Jahren, darunter viele so genannte *beach boys*. Aufgrund der Tradition sind die Mädchen in diesem Land viel besser geschützt als die Jungen. Zurzeit gibt es keine Organisation, die der Prostitution vorbeugt und sich um die Wiedereingliederung dieser Jungen kümmert.

- **Indien:** Die Zahl der Prostituierten beläuft sich schätzungsweise auf zwei Millionen, von denen vermutlich etwa 300 000 bis 400 000 unter sechzehn Jahre alt sind. Allein in Bombay soll es 100 000 Prostituierte geben, darunter 20 000 Kinder.

> **»Die Frauen und Kinder beiderlei Geschlechts werden unter Vorspiegelung falscher Tatsachen in die Städte gelockt und bekommen attraktive, gut bezahlte Arbeitsmöglichkeiten versprochen. An Ort und Stelle angekommen, stellen sie fest, dass sie zum Zwecke der Prostitution in Bordellen oder Massagesalons festgehalten werden. Sie werden über Mittelspersonen oder Bordellbesitzer rekrutiert, verschleppt oder diskret ihren Eltern für einen Preis, der in der Regel das Jahreseinkommen einer Familie übersteigt, abgekauft. Für Jungfrauen werden die höchsten Preise bezahlt, da sie am teuersten in den Vergnügungszentren angeboten werden können. Diese Praxis ist vor allem in Asien verbreitet, eine Folge des gut organisierten Sexbusiness.«**
>
> **Mechthild Maurer: Tourismus, Prostitution, Aids, Zürich 1990**

Kinderprostitution in anderen asiatischen Ländern ...

- **In Pakistan** wurden 4000 bengalische Kinder gezählt, die sich prostituieren.
- **In Taiwan** leben etwa 100 000 Prostituierte. Wie viele davon sind Kinder?
- **In Nepal** wurden in den Bordellen 3000 kleine Mädchen gezählt.
- **In Vietnam** schätzt die Regierung die Zahl der Prostituierten auf 40 000. Niemand weiß, wie viele davon Kinder sind.
- **In China** gibt es allein in der Provinz Sichuan schätzungsweise 5000 Prostituierte. Die Zahl der Kinder ist unbekannt.
- **In Kambodscha** sind ein Drittel aller Prostituierten – mehr als 20 000 Kinder – Mädchen zwischen 12 und 17 Jahren. Mädchen werden für rund 80 Dollar an Bordelle in Pnom Penh verkauft, wo sie unter sklavenähnlichen Bedingungen ihre »Schulden« abarbeiten müssen.

... und im Rest der Welt ...

- **In Brasilien** wird jedes Jahr eine drastische Zunahme der Kinderprostitution verzeichnet. Die Zahl der Kinder und Jugendlichen, die sexuell ausgebeutet werden, beläuft sich nach Schätzungen von Unicef auf 250 000 bis 500 000.
- **In Mexiko** sind sechs Prozent aller Prostituierten Kinder.

- **In Kenia** werden die jungen Prostituierten rund um Mombasa »beach boys« genannt.

Und die gibt es auch in Elfenbeinküste und im Senegal.

... sogar in den reichen Ländern

Viele kleine Mädchen werden aus ihren Heimatländern (Thailand, Philippinen) entführt und in Bordelle geschickt, vor allem nach Japan.

Insgesamt ist die kommerzielle sexuelle Ausbeutung von Kindern eine weltweite Milliardenindustrie, die zudem ein rasantes Wachstum verzeichnet. 1996 schätzte der ›Weltkongress gegen kommerzielle sexuelle Ausbeutung von Kindern‹, dass jedes Jahr weltweit etwa eine Million Kinder anfangen, als Prostituierte zu arbeiten.

Kann man sich vorstellen, was in einem Kind vorgeht, das sich täglich fünf oder sechs Stunden lang einem Erwachsenen ausliefern muss?

WAS GESCHIEHT IN THAILAND?

In Thailand gibt es offiziellen Zahlen zufolge 60 000 Bordelle und zwei Millionen Prostituierte. In diesem Land, in dem die Prostitution offiziell verboten ist, ist es praktisch unmöglich, die Anzahl minderjähriger Prostituierter zu ermitteln. Schätzungsweise bewegt sie sich zwischen 100 000 und 250 000.

Bangkok, die Hauptstadt mit den Krakenarmen

Das Nachtleben in Bangkok zieht zahlreiche Freier aus Europa, Japan und aus Thailand selbst an. Die Straßen von Patpong quellen über von Bars mit Gogogirls, Sexshows, Massagesalons, Nachtklubs und Stundenhotels. Die thailändische Tradition – ähnlich wie in anderen Ländern dieser Region – tut ein Übriges. Jugendliche machen ihre ersten sexuellen Erfahrungen häufig mit Prostituierten. Bei einer kürzlich durchgeführten Umfrage unter jungen Rekruten haben 73 Prozent das für sich bestätigt.

THAILAND

Geografische Lage: Südostasien, zwischen China, Birma, Laos, Kambodscha und Malaysia.

Fläche: 513 115 Quadratkilometer

Hauptstadt: Bangkok

Bevölkerung: etwa 60 Millionen Einwohner

Verkehrssprache: Thai. Außerdem gibt es zahlreiche Minderheitensprachen (Khmer, Mong, Malaiisch, Chinesisch und die Sprachen der Bergvölker)

Religion: Buddhismus (mit 95 Prozent Buddhisten unter der Bevölkerung ist Thailand praktisch das größte buddhistische Land der Welt).

Pattaya

Pattaya wurde während des Vietnamkriegs berühmt-berüchtigt. Als Tausende amerikanischer Soldaten während ihrer freien Tage über die Stadt herfielen, entstanden zweifelhafte Bars und Stundenhotels.

Heute ist Pattaya eine obligatorische Station jeder Thailand-Rundreise. Die Küstenstadt und der benachbarte Strand Jomtien sind außerdem bekannt wegen der kleinen Jungen, die Pädophile aus europäischen und asiatischen Ländern gleichermaßen anlocken.

Ein wirkungsloses Gesetz

Im thailändischen Strafrecht gibt es ein Gesetz, das besagt, dass »Kinder vor sexuellem Missbrauch sowie vor jeglichem Versuch, aus ihrer sexuellen Ausbeutung Profit zu schlagen, geschützt werden müssen« (Buch 2, Artikel 9). Das Gesetz soll Kinder außerdem »vor körperlichen oder seelischen Verletzungen« bewahren (Buch 2, Artikel 10).

Die Tatsachen beweisen jedoch, dass dieses Gesetz in der thailändischen Gesellschaft vollkommen wirkungslos ist. Wenngleich die Strafen für Kinderschänder auch in Thailand drastisch heraufgesetzt wurden, so mangelt es doch an der Strafverfolgung. In ganz Asien wurden 1999 nur 240 Kindersex-Touristen verhaftet, darunter 38 Deutsche. Der Rest bleibt unbehelligt. Korruption und mangelndes Problembewusstsein tragen dazu bei, dass der Druck der Polizei auf Sextouristen wie Sexmafia nicht allzu groß wird. Der mit dem Sextourismus erzielte Umsatz übertrifft bereits das thailändische Staatsbudget. Die finanziellen Mittel, die andererseits für die soziale Betreuung und Ausbildung misshandelter Kinder zur Verfügung gestellt werden, sind gering.

Das »Goldene Dreieck«

Die Medien haben dem Grenzgebiet zwischen Thailand, Birma und Laos den Namen *das Goldene Dreieck* gegeben. Die Hälfte des weltweit konsumierten Opiums wird in diesem Gebiet produziert. Es ist die Schatzkammer aller Drogenmafias dieser Welt. Selbst wenn die thailändische Produktion dank eines Förderprogramms für den Anbau von Ersatzpflanzen leicht rückläufig ist, haben die internationale und die vor Ort ansässige chinesische Mafia den Drogenmarkt ebenso wie das Geschäft mit dem Sex immer noch fest unter ihrer Kontrolle. (Siehe auch den Band *Drogen – Die zwei Enden der Kette* von Marie Agnès Combesque in der Edition »Ich klage an!«)

VORBEUGEN UND HELFEN

Eine systematische Politik zur Bekämpfung der sexuellen Ausbeutung von Kindern existiert bislang nur in Ansätzen. Ein Papier der Vereinten Nationen sollte aufzeigen, mit welchen Strategien man der Kinderprostitution vorbeugen und sie eindämmen kann.

- Den Familien und den Kindern sollte materielle Hilfe zur Verfügung gestellt werden, um sie aus dem Teufelskreis der Armut zu befreien, der die Kinder in die Prostitution drängt und die Erwachsenen dazu bringt, ihre Kinder zu verkaufen. (§ 315)
- Die Freier sollten zur Verantwortung gezogen werden. Das bedeutet in erster Linie, dass sie für ihre Taten gesetzlich zur Verantwortung gezogen werden müssen. Außerdem sollte versucht werden, das Verhalten der Touristen durch Aufklärung und Bewusstseinsbildung zu verändern und zugunsten der Rechte der Kinder Druck auf die potentiellen Freier auszuüben. (§ 316)
- Kinderprostituierte aus dem Ausland sollten gegen jegliche Gefahr geschützt werden, egal ob sie illegal eingereist sind oder nicht. Es sollte ihnen die Möglichkeit gegeben werden, ihre Lebensform zu ändern und die Einhaltung der Menschenrechte sollte für sie gewährleistet sein, wenn sie in ihr Herkunftsland zurückgeschickt werden. Diese Bemühungen sollten unter Einhaltung der internationalen Abkommen über die Rechte von Arbeitsmigranten durchgeführt werden. (§ 317)

- Jegliche Diskriminierung und unmenschliche Behandlung HIV-positiver Kinderprostituierter sollte verhindert werden. Ihre Rechte sollten respektiert und geschützt werden. Es müssten Heime und Beratungszentren zur Verfügung gestellt werden. (§ 318)
- Der internationale Kinderhandel, der sich zwischen verschiedenen Teilen der Welt abspielt, sollte besser beobachtet werden. Es müssten geeignete Maßnahmen ergriffen werden, um die Verantwortlichen zu belangen und die Kinder heil und sicher in ihre Herkunftsländer zurückzubringen. (§ 319)
- Jeglicher Anreiz für Sextourismus sollte vermieden werden. Reiseanbieter sollten in diesem Zusammenhang ein größeres Verantwortungsbewusstsein im Umgang mit ihren Kunden an den Tag legen. (§ 320)
- Organisationen, die sich dem Hilfsprogramm für prostituierte Kinder angeschlossen haben, sollten durch konkrete Maßnahmen wie Steuervergünstigungen gefördert werden. (§ 321)
- Der internationale Austausch von Listen einschlägig bekannter Pädophiler sollte gefördert werden, um Wiederholungstaten zu verhindern. (§ 322)
- Traditionen, die zum Fortbestand von Kinderprostitution beitragen, sollten verändert werden, und zwar nicht nur durch den Erlass entsprechender Gesetze, sondern auch durch allgemeine Aufklärung und Bewusstseinsbildung. (§ 323)
- Das Problem der Kinderprostitution sollte auf allen Ebenen des Schul- und Ausbildungsbereichs offen angesprochen und erörtert werden. (§ 324)

WAS HAT DAS MIT UNS ZU TUN?

Im Februar 2000 wurde ein Angeklagter von einem Wachmann in den Saal des Iserlohner Amtsgerichts geführt. Kameras richteten sich auf ihn, die Fernsehbilder gingen um die Welt. Im Saal saßen zwei philippinische Kinder, Pia (10) und Marlyn (15). Sie waren eigens eingeflogen worden, um gegen den Angeklagten, einen Sextouristen, auszusagen. Ein bislang einmaliger Vorgang. Der Kaufmann hatte sie für »zweihundert Mark Miete« tagelang gefesselt, missbraucht und dabei gefilmt.

Dieser Angeklagte ist nur einer von jährlich schätzungsweise etwa 10 000 Deutschen, die eine oder mehrere Fernreisen buchen, um Kinder zu missbrauchen. Seit 1993 stehen diese Taten im Ausland auch in Deutschland unter Strafe. Dennoch sagt der Frankfurter Oberstaatsanwalt Köhler: »Kindersex-Touristen gehen straffrei aus. Das ist leider der Normalfall.«

Auch in Österreich wird seit 1997 ein im Ausland begangenes Sexualdelikt an Kindern unabhängig von den Gesetzen des Tatorts nach österreichischem Recht verfolgt und bestraft. Einige österreichische Fluglinien setzen neuerdings einen Videospot gegen den sexuellen Missbrauch von Kindern auf bestimmten Fernflügen ein. Das Video soll das Bewusstsein der Touristen schärfen, dass sexuelle Übergriffe auf Kinder auch in exotischen Urlaubsländern verabscheuungswürdig sind und strafrechtlich verfolgt werden. Auch die deutsche Lufthansa setzt inzwischen auf einigen Langstreckenflügen einen solchen Videofilm ein, der von der Organisation terre des hommes produziert wurde.

Mittlerweile haben neunzehn Staaten Gesetze gegen die sexuelle Ausbeutung von Kindern auch im Ausland erlassen. Maßgebend sind damit nicht mehr die Gesetze des Landes, in dem der Missbrauch stattfindet, sondern diejenigen des Herkunftslandes der Täter. Neben Deutschland und Österreich sind das noch Australien, Belgien, Dänemark, Finnland, Frankreich, Großbritannien, Irland, Italien, Japan, Neuseeland, Niederlande, Norwegen, Schweden, Schweiz, Spanien, Thailand und die USA.

DIE ORGANISATION ›TERRE DES HOMMES‹

›terre des hommes‹ wurde 1960 in Lausanne in der Schweiz gegründet und ist eine Hilfsorganisation, die sich direkt um misshandelte Kinder kümmert, ungeachtet ihrer Herkunft oder ihrer Zugehörigkeit zu einem politischen System oder einer Religion.

Kinder sind keine Sexualpartner

Das kann gar nicht oft genug wiederholt werden. Ebenso gilt es allerdings, mit allen geeigneten Mitteln die Würde und die Zukunft von Kindern zu bewahren, die zu Opfern der Prostitution wurden.

Seit über dreißig Jahren gehört es – neben der Hilfe in vielen anderen Notsituationen – zu den obersten Zielen von terre des hommes, diesen Kindern auf den Straßen und in den Elendsvierteln beizustehen, dauerhafte Kontakte zu ihnen aufzubauen und ihnen wieder Selbstvertrauen zu geben. Manche Minderjährige, die seit mehreren Jahren als Prostituierte arbeiten, sind in völlige Apathie verfallen, sogar angesichts ihres eigenen bevorstehenden Todes.

Den Kindern eine Chance geben, ihre Kindheit zu leben

Gleichzeitig geht es darum, den Kindern ein soziales und geborgenes Zuhause zu verschaffen, sei es in ihrer Familie oder in Heimen, in denen sie vorübergehend oder auch über einen längeren Zeitraum bleiben können.

Aber es ist nicht leicht, Kinder von der Notwendigkeit des Schulbesuchs oder einer Berufsausbildung zu überzeugen, wenn auf der anderen Seite sofortige Verdienstmöglichkeiten für sie und ihre Familien locken. Außerdem verhält es sich mit Kindern wie mit erwachsenen Menschen auch: Ein Kind kann sich nur ändern, wenn es sich freiwillig dazu entschieden hat.

Mit den Behörden vor Ort zusammenarbeiten

Man darf die Zwänge der Prostitution nicht durch institutionelle Zwänge ersetzen, vor allem, wenn die Straße für diese Kinder in den meisten Fällen ein Synonym für Freiheit und schnell verdientes Geld ist.

Deshalb ist es auch notwendig, mit den Behörden vor Ort zusammenzuarbeiten, besonders mit der Polizei, damit die Kinder nicht wegen ihrer Tätigkeit als Prostituierte in Polizeirevieren, Erziehungsheimen oder gar Gefängnissen festgehalten werden.

Der Kampf gegen die Prostitution darf nicht in Polizeirazzien ausarten. Diese wirken sich zwar positiv auf das Image der Behörden aus, stürzen die Kinder aber noch tiefer in die Verzweiflung. Ganz zu schweigen davon, dass die Minderjährigen, die aus der Prostitution gerettet wurden, sogleich durch andere Minderjährige ersetzt werden.

Einfluss auf die erwachsenen ›Kunden‹ nehmen

Sextourismus ist ein Geschäft, bei dem die Freier im Ausland ein Verbrechen begehen, auf das in ihren Herkunftsländern hohe Gefängnisstrafen stehen.

In Europa hat sich eine breite Bewegung zur Änderung der bestehenden Gesetze gebildet. Es soll erreicht werden, dass die Täter in allen Herkunftsländern für die sexuellen Straftaten belangt werden können, die sie im Ausland begangen haben.

Darüber hinaus versuchen zahlreiche Menschenrechtsorganisationen, die Öffentlichkeit und insbesondere Ferntouristen für die Problematik zu sensibilisieren. Dabei beziehen sie auch Reiseanbieter mit ein.

Die Reiseanbieter können zwar nicht für die Taten ihrer Kunden verantwortlich gemacht werden. Aber sie haben die Möglichkeit, Aufklärungsarbeit zu leisten, indem sie ihnen geeignete Informationen zur Verfügung stellen. Außerdem können sie sich weigern, Verträge mit Einrichtungen zu unterzeichnen, die dafür bekannt sind, dass sie die Kinderprostitution fördern.

Wer die Arbeit von *terre des hommes* unterstützen möchte, kann sich bei dieser Adresse näher informieren:

terre des hommes
Ruppenkampstraße 11a
D-49084 Osnabrück
Tel: +49/05 41/71 01-0
Fax: +49/0541/70 72 33
Internet: http://www.oneworldweb.de/tdh/
E-Mail: terre@t-online.de

TEIL III

WEE UND ARUSHA

Die Geschichte zweier Jungen

Es ist heller Mittag, der Deckel des Schwitzbades hat sich wie ein Helm aus flüssigem Blei über die Stadt gelegt. Seit Wochen hat es nicht mehr geregnet, niemand weiß, ob das Glück oder Unglück bedeutet. Der unaufhaltsame Reigen der riesigen gelben Laster wirbelt über dem Gelände höllischen Staub auf, der sich in den Atemmasken der Maschinenführer festsetzt.

Zwölf Stunden täglich lassen die Diesellaster die an die Baustelle angrenzenden Baracken aus Brettern und verrottetem Blech erzittern.

Das Tempo wird von den Güterzügen vorgegeben. Die zehntausend Tonnen schweren Waggons kratzen im Viertelstundentakt an den bis zur Weißglut aufgeheizten Schienen. Ein Erdbeben vor dem Hintergrund eines Vulkanausbruchs.

Bangkok, die »Stadt der Engel«, die Residenz des smaragdenen Buddhas, die »große Festung der Welt«, schwankt wie eine gewöhnliche Pappkulisse.

Der elfjährige Wee, der in seinen durchlöcherten, viel zu weiten Jeans zerbrechlich wirkt wie ein kleines Reh, liegt reglos am Boden. Selbst mit einem Walkman aus zwei Boeing-Triebwerken auf den Ohren würde er sich nicht rühren. Das Lösungsmittel, das er aus einer Plastiktüte geschnüffelt hat, um seine Nacht zu vergessen, hat ihn matt gesetzt, ihm ist total übel. Auf den Ellbogen war er nach draußen gerobbt, hatte sich die Seele aus dem Leib gekotzt und sich dann wieder in eine Ecke seiner notdürftigen Behausung gelegt. Einer seiner Brüder hat ihn mit dem Fuß weggeschoben, weil er den Weg versperrte, ganz einfach.

Ein kahler, halb durchgedrehter Hund knabbert zum Spaß an Wees Füßen und ergreift dann jaulend die Flucht, als der Zug ganz dicht vorbeifährt und das auf dem Boden verstreute Geschirr zum Klirren bringt. Wo kommt dieser Köter bloß her? Hier gibt nämlich schon lange niemand mehr was auf diesen Höllenlärm.

Als die Gefahr vorüber ist, kommt die gelbe Schnauze des kahlen Hundes wieder zum Vorschein. Dieser Kinderkörper, der so leblos daliegt wie ein Stück Fleisch in der Theke einer Metzgerei, weckt seine Neugier, er beißt ihn jetzt richtig in den Zeh.

Wee schreit, ohne zu kapieren, was los ist, nimmt eine Pfanne und schlägt instinktiv zu. Der Köter haut ab. Wee setzt sich auf und lehnt sich an die Wand. Eine ganze Elefantenherde tobt in seinem Kopf herum. Das Einzige, was dieses Gepolter eindämmen kann, ist eine Schüssel Reisnudelsuppe, eine kochend heiße *saen lek nam.*

Ganz unten in seiner Jeanstasche findet er ein paar zerknautschte Scheine, die Kohle der Freier von gestern. Er setzt sich etwas abseits an den Schienen auf eine Bank, neben ein paar behelmte Bauarbeiter, die fünf Minuten Pause machen und sich für ein paar Baht die Illusion eines vollen Magens verschaffen.

Es herrscht gnadenlose Hitze, die Luft muss sich irgendwo am Flusslauf in einer Felsspalte verirrt haben. Um wie die Thais in Bangkok zu leben, braucht man mutierte Lungen. Jeder normale Ausländer erstickt dort. Egal, ob er *farang* – Europäer, *yipoun* – Japaner, oder *kêk* – Araber ist, er kapiert schnell, dass er sich, wenn er mittags zwischen zwölf und zwei überleben will, in sein klimatisiertes Zimmer flüchten oder an die Hotelbar setzen muss.

Wee zündet sich eine Zigarette an und schleppt sich mühsam nach Hause. Das Spektakel in seinem Kopf hat sich beruhigt. Er braucht ein Eckchen, wo er noch ein oder zwei Stunden schlafen kann. In der

Wellblechhütte herrscht Hochbetrieb. Er entdeckt einige seiner Brüder, aber keiner stellt ihm irgendwelche Fragen. Jeder sieht für sich allein zu, wie er zurechtkommt, und manchmal läuft man sich zufällig über den Weg. Er hat seinen Vater nie gekannt und die Arbeiter, die er hin und wieder im Bett seiner Mutter überrascht, scheren sich nicht um ihn.

Aber das ist alles unwichtig. Das Leben ist ein einziges Durcheinander, man darf es nicht so ernst nehmen. Also, *mai pen rai*, es kommt nicht darauf an, wer man ist, Hauptsache, man lebt und weiß, wo man die Kohle für etwas zu essen und ein wenig Ablenkung finden kann.

Wee denkt nicht an morgen. Alles, was er braucht, ist ein Eckchen zum Schlafen, hier, jetzt gleich. Für einen Platz auf der Matte an der brennend heißen Blechwand würde er seinen ganzen Besitz geben.

»Hier, Mama.«

Er hält ihr die übrigen Scheine hin. Sie nimmt sie natürlich, gar keine Frage. Jeder sieht zu, wie er zurechtkommt. Wees Handbewegung ist nicht zärtlicher als die der verbrauchten Frau, die auf dem Boden hockt und die Geldscheine unter ihr Kleid schiebt. Was soll man sich sonst noch sagen? Er kommt ab und zu hier vorbei, das ist alles.

»Weißt du, wo Raya ist?«

Natürlich weiß er, wo seine ältere Schwester ist. Fünfundzwanzig Jahre alt, bis zum Rand mit Drogen voll gepumpt, die Arme durchlöchert wie Siebe, und doch ist sie so *souay*, so hübsch, abends hinter der Bar des Sexy Night, wo sie mit eiserner Strenge die Show der Mädchen durchzieht.

»Nein, bin ihr nicht begegnet, keine Ahnung.«

Eine Art Ehrenkodex der Straße, niemand sagt etwas über einen anderen. Wenn sie ihre Mutter nicht besucht, wird sie ihre Gründe haben, und damit basta. Er ist bereits eingeschlafen.

Das Heulen der Baustellensirene weckt ihn wieder auf. Ein Unfall. Wenn im sumpfigen Boden Fundamente gegraben werden, stürzt das Gelände ein. Das gehört schon fast zur Tagesordnung. Einmal ist ein Laster verschwunden, einfach so vom Schlamm verschlungen, mitsamt seinem Fahrer von einem Schabernack treibenden *phi-i* verschluckt, einem Geist, dem man nicht genug Reis und Räucherstäbchen geopfert hatte. Die Sonne streift die höchsten

Wolkenkratzer der Stadt. Ein beinahe großartiges Bild, von den Sonnenstrahlen mit Blattgold verziert.

Wee läuft an den Gleisen entlang, an der Baustelle der Bedürftigen, der Vergessenen. Schwungvoll schiebt er sich unter der Autobahnauffahrt durch, springt auf die Schnellstraße, läuft seelenruhig durch die sechs Reihen Autos, die seit einer Viertelstunde in beiden Richtungen still stehen und deren Reifen am kochend heißen Straßenteer festkleben. Er winkt seinen Freunden zu, die im Stau Blumensträuße verkaufen, läuft im Slalom um den Müll am Straßenrand herum und kommt auf der Sukhumvit Road heraus, seinem Jagdrevier für heute Abend.

»Hey, Wee! Hier lang!«

»Hallo!«

»Lass mal 'ne Kippe rüberwachsen!«

»Für mich auch eine!«

Zigaretten als Eintrittskarte. Ein paar Jungen zwischen sieben und vierzehn, die qualmen wie der Cowboy auf der zwanzig mal zwanzig Meter großen Werbung, die über ihren Köpfen blinkt.

Sie erzählen sich irgendeinen Mist oder halten

einfach die Klappe. Sie sind froh, dass sie zusammen sind, lümmeln sich auf ihrem Stückchen Gehweg, mitten im Gewühl der Touristen, die gefälschte Levi's erstehen und dabei schwitzen wie die Schweine.

Wees bester Kumpel ist Arusha, neun Jahre alt, stämmig und wie sein Freund ein echter Kenner der *farangs* mit den schmalen Schnurrbärten, die auf der gegenüberliegenden Straßenseite auf den hohen Barhockern des Soi Cowboy sitzen und durch die offene Tür verstohlen die Hintern der Jungen betrachten.

Arusha möchte Wee sein Herz ausschütten: eine verflixte Geschichte über eine verpasste Verabredung mit einem Weißen, der ihn mit nach Rom nehmen wollte. Er biegt sich vor Lachen, als er seinen Akzent nachahmt.

»Roma, Roma. Vieni a Roma, maine Klainer. Iisch wärde tutto für disch tun!«

Wee bekommt einen Lachanfall und prustet: »Roma, Roma!«

Er findet das zum Brüllen komisch. Sie kriegen sich überhaupt nicht mehr ein, obwohl sie nicht die leiseste Ahnung haben, wo Rom überhaupt liegt. Es ist ihnen auch völlig egal, sie wissen nicht einmal, was Europa ist. Lächelnde kleine Jungen mit weißen und schönen geraden Zähnen, gescheitert auf einem Gehweg von Bangkok, der einzigen Stadt auf dieser Welt, die sie kennen. Hübsche kleine Thais, wie sie den Männern gefallen, die in ganzen Chartermaschinenladungen ankommen, aus Rom, Paris, Amsterdam, Hamburg, Tokyo oder Los Angeles.

Wee steht wieder auf. Seine Augen haben sich scharf gestellt wie zwei Angelhaken. Ohne ein Wort durchquert er den Strom von Autos und versetzt ihnen hier und dort einen kleinen Stoß mit der Hüfte.

»Guten Fang! Arrivederci!«, brüllt Arusha ihm hinterher. Er hat genau wie sein Freund die beiden Männer mit Schnurrbärten und weißen Hemden gesehen, die wie angewurzelt an der Straßenecke stehen.

Wee kennt sich aus mit der Jagd auf Freier. Er ködert sie mit dem Einzigen, was er auf dieser Welt besitzt: seinem Kinderkörper. Oh, ganz sachte, in kleinen Schritten. Er hat drei Päckchen Postkarten aus seiner Tasche gezogen, außerdem einen Karton mit winzigen Uhren zum Anstecken und ein paar Kaugummis.

Schon hängt er am Arm eines der beiden Männer, schon radebrecht er ein paar Worte auf Englisch, Französisch oder Deutsch. Immer die gleiche zweideutige Botschaft, die er auswendig gelernt hat: »Kauf mich, kauf mich.«

Schon hat sich seine kleine Hand in die Tasche des Mannes geschoben, der sich ertappt fühlt und leicht genervt tut, sich lachend aus der Affäre zu ziehen versucht.

Dann, als er merkt, dass die Passanten ungerührt weitergehen, erwidert er etwas.

Wee versteht kein Wort, aber Hauptsache, der *farang* hat geantwortet. Der dicke weiße Fisch hat angebissen, alles weitere ist Nebensache. Wee trippelt hinter dem Erwachsenen mit den großen Schritten her.

In der Soi 27 schweißt die Dunkelheit sehr schnell ihre verschwörerischen Schatten zusammen. Fast könnte man vergessen, dass der eine gerade den anderen gekauft hat, völlig ungestraft, so wie man irgendwelchen Tand kauft, wenn man das Geld dazu hat.

Das Herz des Erwachsenen Reno schlägt schneller. Da er erst seit kurzem in Bangkok ist, staunt er noch darüber, wie leicht man hier ein Kind erstehen kann. In Turin, wo er eine kleine Import-Export-Firma der Beleuchtungsbranche leitet, wäre das völlig undenkbar. Man käme sofort in den Knast. Hier schauen die beiden Polizisten, denen sie begegnen, ihn nicht einmal an.

Für 400 Baht, nicht einmal 30 Mark, leistet er sich den Schauder des Verbotenen. Er fühlt sich beschwingt, schön, verwegen, ganz wie in seiner Jugend. Er hält die Fäden in der Hand. Er kann alles verlangen, alles besitzen. Sein Herz fühlt sich riesengroß an und läuft über vor Güte, er hätte Lust, alle Kinder an sich zu drücken, die um das Soi Cowboy herumlungern, Mädchen wie Jungen. Gedämpfter Übermut grummelt in ihm und stachelt seine Lust an.

Gruppen völlig aufgedrehter Touristen rempeln sie lachend an. Ganz in der Nähe bieten sich nach wie vor kleine Jungen ihren Kunden an. An den wackligen Tischen einer billigen Spelunke schlürfen die Stammgäste ihre Nudelsuppe. Keine besonderen Vorkommnisse. Alles in bester Ordnung.

Was macht eigentlich das Leben in dieser verfluchten Stadt so *sabai-sabai*? Sorgt sich denn niemand darum, was passiert? Gibt es niemanden, der die obszöne Handbewegung dieses Jungen unterbindet, niemanden, der diesem Italiener einen Tritt in den Hintern verpasst und ihn zu seiner Frau zurückschickt, die zusammen mit seinen zwei braven Kindern auf ihn wartet und dabei von der Vuitton-Handtasche träumt, die er ihr von seiner Geschäftsreise mitbringen wird? Gibt es niemanden, der beim benachbarten Polizeirevier klingelt, mit Gongschlägen die Mönche aufweckt, die in ihrer Pagode schlummern, die Häuser der Geister umwirft, damit die *phi-is* endlich mal zu etwas nutze sind und wirklich böse werden? Gibt es denn niemanden, der dieses ganze Sextouristenpack in das nächste Flugzeug zurück nach Europa, Japan oder Australien steckt?

Im Moment stellt Wee sich geschickt an wie ein begabter kleiner Profi. Es tut nicht weh, also wartet er, bis die Sache ein Ende nimmt. Und sie nimmt natürlich ein Ende. Ein erbärmliches Ende, hier, mit dem Rücken an der Wand und ohne ein Wort, ohne den leisesten Hauch von Zärtlichkeit. Der Mann wird von einem wollüstigen Schauder überfallen. Nicht einmal eine Spur von Ekel auf dem Gesicht des Jungen, der schon in der Tasche des Italieners nach den Scheinen sucht. Dieser bringt ihn mit einer saftigen Ohrfeige ins Straucheln.

»Hau ab, du kleiner Scheißkerl! Also wirklich, da gehen sie einem an die Taschen, wenn man noch nicht mal den Hosenlatz wieder zu hat.«

Wee steht wieder auf und umklammert seine Beute. Er kennt sich hier aus. Der andere fühlt sich plötzlich fremd, hat Angst, übers Ohr gehauen zu werden, und rückt, leicht argwöhnisch, etwas mehr Kohle raus, als abgemacht war. Für Wee ist jeder ein guter *farang*, der gut bezahlt. Also ist Reno ein guter *farang*, und damit hat es sich. Die Nacht fängt für ihn gut an. Er wird sich eine Cola kaufen, die ist ihm schon mal sicher. Gestern Abend wurde er von einem Großen überfallen, zum Glück hatte er ein paar Baht in seiner Unterhose versteckt.

Reno trifft seinen Freund wieder, der sich auch gerade einen Jungen gegönnt hat.

»Hey, altes Haus, der war wirklich fabelhaft. Noch jünger als deiner. Ja, acht Jahre. Biegsam wie eine Schlange. Und der kleine Schlingel konnte gar nicht genug kriegen!«

Sie schlagen ihre großen Hände gegeneinander, wie es Kerle tun, wenn sie stolz auf einen gelungen Streich sind.

»Darauf müssen wir ein Bier trinken!«

»Okay, gehen wir ins Nana Plaza.«

»Abgemacht.«

Zwei Kerle, nicht bösartiger als andere auch, nicht widerlicher als diejenigen, die ihnen auf der Sukhumvit Road entgegenkommen. Zwei Kerle, die nicht zimperlich sind, die sich kleine Jungen kaufen wie andere ein Eis, weil es süß schmeckt und auf der Zunge zergeht.

Um sie herum lauter billige Kopien: unechte Benettons, unechte Levi's, unechte Ray Bans, unechte Chanels. Und vor allem falscher Reichtum des Landes, weil er nur den Reichen zugute kommt. Da passt die unechte Liebe mit Kindern gut ins Gesamtbild. Wenn es verboten wäre, würde man es sehen, man wüsste es.

Im Nana Plaza geht es zu wie in einem Taubenschlag. Zehn, zwanzig, dreißig Bars – ob sie je gezählt wurden? Der Innenhof ist von den Wagen der Essensverkäufer belagert, zwei Stockwerke, von Balkons mit Holzbalustraden durchbrochen. Dort kippt man sich zusammen mit den Mädchen in hochhackigen Schuhen und Hotpants das Bier hinter die Binde.

Jeder kann hinter jede beliebige Tür schauen. Einen Blick zu riskieren kostet nichts! Crazy Lady, Pretty Lady, Hot Lady – wirklich unglaublich originell. Guido hat sich für das Rosemary Lady entschieden, weil hinter dem Samtvorhang ein Tisch auf dem Balkon frei ist und er lieber auf die Menschenmenge schielt als auf die Mädchen. Er steht wirklich auf Jungs, dieser Guido.

»Hallo Nika, bring uns zwei *Singha*!«

Reno nennt alle Mädchen Nika, das verleiht ihnen einen Hauch von verruchter asiatischer Spielhölle.

Bier, Whisky, Bier – es geht wirklich heiß her. Zwanzig, einundzwanzig Stunden, immer am Bechern. Unter ihnen, in der Gosse, sitzen Wee und Arusha im Schneidersitz und sniffen. Sie haben ihre Hände trichterförmig um den Mund gelegt und schnüffeln Lösungsmittel aus der Flasche. Zwischen zwei Zügen schaut Wee nach oben. Kein Zweifel, die Männer, die sich dort neben dem Mädchen mit der großen gelben Schleife im Haar aufs Balkongeländer stützen, sind die beiden *farangs* von vorhin.

Wee sagt etwas zu Arusha, der sich sogleich in Bewegung setzt. Sie schieben sich zwischen den Beinen der grölenden Lebemänner hindurch in den zweiten Stock.

»Hello Sir, cigarettes?«

»Guido, da ist mein kleiner Cowboy!«

Reno ist es peinlich, der Junge hat seine Hände auf seinen Schenkel gelegt und insistiert.

»Cigarettes, Sir?«

Nika lächelt, sie kennt alle Schattenseiten des Lebens. In Sukhumvit oder Patpong, Bangkoks Rotlichtvierteln, bekommt jeder seine Chance. Wer vernünftig zahlt, dessen Vorlieben werden nicht in Frage gestellt.

Gebieterisch bringt sie ihnen noch zwei *Mekong*, um ihnen die Entscheidung zu erleichtern. Guido hat sich ohnehin schon entschieden und Arusha auf seine Knie rutschen lassen. Mein Gott, wie er nach Klebstoff stinkt, der Kleine! Aber was für eine zarte Haut er hat! Reno für seinen Teil hat sich wieder mit Wee versöhnt. Die Ohrfeige ist vergessen.

Und so sitzen die beiden Italiener da, mit weißen Hemden, die über der mit einem goldenen Kreuz geschmückten Brust aufgeknöpft sind, mit den Jungen aus den Slums auf ihren Knien. Perverse Onkel mit alkoholgeschwängertem Atem.

Im Vorbeigehen tätschelt ihnen eine Gruppe von fröhlichen Münchnern, die ihre letzte Nacht in Asien durchmachen, verschwörerisch den Rücken.

»Genießt es, ihr verdammten Glückspilze! Ach, die Liebe, immer die Liebe! Ihr habt's raus, ihr cleveren Itaker!«

Als ob das Liebe wäre! Eine Illusion von Zärtlichkeit. Trügerischer Schein. Genusssucht. Eine gewöhnliche Szene in einem Bordell.

Wenigstens machen sich die beiden Jungen keine Illusionen. Die Spielregeln sind klar: keine Gefühle. Wenn sie es schaffen, sich einen Touristen zu angeln, haben sie für ein, zwei oder sogar drei Tage ausgesorgt. Vielleicht sogar länger. Und eine Lebensversicherung für drei Tage, die muss man sich eben mit körperlicher Arbeit verdienen. Ihre geschickten kleinen Hände spielen an den Goldkettchen herum, die Weißen seufzen behaglich, die Nacht hat gerade erst angefangen.

»Es ist so stickig hier, sollen wir nicht abhauen?«

»Im Mambo ist es genauso, im Robinson auch, im Suriwong ebenfalls, man kommt überall um vor Hitze.«

»Also nach Pattaya!«

»Um diese Zeit?«

»In knapp zwei Stunden haben wir die Füße im Wasser.«

»Du meinst, in einer Bar, unter einem Barhocker. Los, wir nehmen die Jungs mit.«

»Gute Idee, yeah, das vertreibt die Zeit!«

Hände klatschen über dem Tisch aneinander, verschwörerisches Lachen, die Sache ist beschlossen. Auf ans Meer!

Pattaya, Pattaya, säuselt Guido dem Jungen ins Ohr. Das Codewort für das größte Bordell Thailands, Asiens und der ganzen Welt. Pattaya, die Küstenstadt, berühmt geworden durch Tausende von amerikanischen GIs, die sich dort regelmäßig während ihrer freien Tage die Kanne gaben. Sie fickten ringsherum alles, was zwei Beine hatte, und schissen auf den Rest.

Pattaya ist das Apocalypse-Now des schmutzigen Sex, eine mit dem falschen Glanz der Tourismusgöttin angestrichene Spielhölle, ein syphilitisches Paradies für Typen, die unter dem Deckmantel des Kulturaustauschs Sexabenteuer erleben wollen. In ihren Heimatländern bekämen sie dafür mehrere Jahre Knast. Es lebe Pattaya!

Und um diese ganze schöne Welt der Ausländer zu regieren, wartet auf der anderen Seite eine schöne Welt von einheimischen Halunken. Thailändische Zuhälter, chinesische Mafiosi, anrüchiges Bullenpack, Gauner aus den Diskotheken, Bordellbesitzer. Der Abschaum der Menschheit trifft sich im Schmelztiegel von Pattaya!

Die Prospekte der Reiseagenturen preisen es als »Traumziel« an. Bloß dass die Palmen hier dazu dienen, Bier daran zu pissen oder sich auf der Suche nach Strichjungen daran zu lehnen.

Es gibt direkte Charterflüge nach Pattaya, ohne Visum. Abflug täglich aus allen westlichen Hauptstädten. Für die Reiseveranstalter ein Huhn, das goldene Eier legt. Pattaya, die Perle. Die berühmten Nächte von Pattaya!

Dorthin fahren die beiden genusssüchtigen *fa-*

rangs im Mondschein, eine Hand auf ihrer Brieftasche, damit sie ihnen nicht geklaut wird, die andere auf den kleinen braunen Schöpfen, die auf ihren Hosenschlitzen einschlafen, im Rhythmus des Taxis. Im Innern des Wagens herrscht Stille.

Arusha rührt sich nicht. Durch eine Ecke des Fensters und seine halb geschlossenen Augenlider sieht er Baumwipfel vorüberziehen, dann ein Stück Nachthimmel, mit Sternen gesprenkelt, und schließlich die vereinzelten Straßenlampen einer Provinzstadt. Vielleicht Conburi? Das Taxi rollt auf Pattaya zu.

Nach einem kurzen Dämmerschlaf wandern Arushas Gedanken, ohne dass er sie festhalten könnte. So ist es immer, in seinem Kopf ist immer alles verschwommen, nichts ist jemals fest in der Wirklichkeit verankert. Er weiß nicht mehr so genau, was ihm im Leben passiert ist, warum er mit den *farangs* geht.

Seine Erinnerungen fließen ineinander, verzweigen sich, vernebeln sich. Er erinnert sich nicht einmal an die persönlichsten Dinge. Er weiß nicht mehr, ob er jemals eine Mutter hatte. Einmal hatten seine Freunde ihm im Lumpinipark eine Pennerin gezeigt, ein menschliches Wrack in Lumpen. Sie saß am Ufer des Teichs und führte Selbstgespräche, ihre Füße baumelten im Wasser. Seine Freunde hatten gesagt, das wäre seine Mutter und er müsste sie begrüßen, aber dabei hatten sie so gelacht, dass er nicht hingegangen war.

Ein andermal hatte Wee ihm gesagt, seine Mutter arbeite mit seiner Schwester Raya zusammen, die beiden würden sich gut kennen. Sie sei eine sehr schöne Frau, sehr gefragt unter Diplomaten. Aber als er zu Rayas Bar ging, wurde er vom Türsteher, der großen Wert auf den Ruf des Etablissements legte, wie ein Lausebengel verscheucht. Die Bar stand Luxusfrauen offen, nicht aber kleinen Herumtreibern. Also weiß er immer noch nicht mehr.

Ach ja, vielleicht ist es das. Eine Reihe von Bildern, die häufig wiederkehren, ganz bunt und grell. Züngelnde Flammen, die ihn tänzelnd einkreisen, ihn verbrennen, ihn ersticken. Die Arme einer Frau, die ihn festhalten, loslassen, ihn wieder hochheben. Plötzlich ein Aufprall und alles verschwindet. Er sieht nur noch Rot und Schwarz.

Arusha erinnert sich wirklich nicht mehr, aber es war in der Tat ein ziemlich heftiger Aufprall, als seine Mutter ihn vom dritten Stock einer unwahrscheinlichen Konstruktion aus Wellblech herunterwarf, die ihnen als Unterschlupf diente. Das war in einem der tausend Slums von Bangkok, wo sich direkt neben Wolkenkratzern und Palästen, in einem Chaos aus Brettern, Kartons und Blechen, die Bauarbeiter und die entwurzelten Landarbeiter stapeln. Sämtliche armen Schlucker Thailands – und das sind eine ganze Menge.

Ein Slum, der eines schönen Abends in Flammen aufgeht. Eine Petroleumlampe, eine Zigarette, ein Brandstifter, woher soll man es wissen? Die Slums brennen regelmäßig. Angeblich holen sich die Besitzer auf diese Weise die besetzten Grundstücke zurück.

Arushas Mutter hatte also ihren Vierjährigen durch die Tür geworfen, um ihn zu retten, und war dann mit ihren anderen beiden Kindern in der Feuersbrunst verschwunden. Seither hat er immer diese verschwommenen Bilder im Kopf. Und manchmal höllische Kopfschmerzen.

Nachdem er von einer Nachbarin aufgenommen und später wieder ausgesetzt worden war, las ihn bald ein Schlepper aus dem Bahnhofsviertel auf und ließ ihn in seiner Nähstube arbeiten. Arusha dachte, das wäre eine Art Schule, und saß zwölf Stunden täglich im Schneidersitz da, ohne sich zu rühren. Und das mit sechs Jahren!

Dann wurde er eines Tages, als er aus der Werkstatt kam, von seinem ersten *farang* angebaggert. Arusha hielt ihn für eine Art weißen Gott, einen freundlichen *phi-i*, und ließ es mit sich geschehen. Der andere hatte ihn bald in die Liebe eingeführt, ihn gestreichelt, verletzt. Es hatte wehgetan, aber hinterher besaß er mehr Geld, als er je zuvor auf einem Haufen gesehen hatte.

Damals hatte er mit ein paar gleichaltrigen Freunden seine ersten Klebstofftüten geschnüffelt und sich dann Wee, Tchoum und Fluke angeschlossen, die sich als Strichjungen zusammengetan hatten und für ein paar Kröten aufeinander aufpassten. Irgendwas zwischen Diebstahl und Schutzgeld. Der Preis fürs Überleben.

Tchoum, der Kräftigste, tritt in einer Bar als Boxer auf. Wenn er mit seinen Fußtritten fertig ist, verschwindet er ins Hinterzimmer und rutscht auf die Knie der alten Zuschauer, die gerührt sind von so viel Jugend.

Fluke, der sich in Sachen Verführung auskennt, wackelt in einer Bar als Gogo-Tänzer im Slip mit den Hüften und geilt die Kunden auf, die früher oder später den Wirt fragen werden, wie viele Dollar sie anlegen müssen, damit sie diesen schönen Jungen mit den geschmeidigen Schenkeln abschleppen dürfen.

Wee dagegen hat sich auf Homopärchen spezialisiert, die zu zweit auftreten und sich niemals trennen. Im großen Sex-Geschäft gibt es massenhaft Spezialitäten.

Arusha beginnt im Halbschlaf zu keuchen, wischt sich einen Speichelfaden von den Lippen, der seinen Träumen entglitten ist. Er kratzt sich am rechten Ohr und am Hals, beide krebsrot, eine schlecht behandelte Brandwunde, die sich regelmäßig entzündet. Spuren des Dramas oder die verlorene Erinnerung an seine Mutter, wer weiß?

Mitternacht – genau die richtige Zeit, in der Stadt anzukommen. Das Taxi fährt im Schein der Neonreklame die Hauptstraße hinunter. Eine lange Reihe von Bars, Bordellen, thailändischen Boxringen, Spielhöllen mit Musik und nackten Hintern, Bars mit *katoeys*, Transvestiten, die gewissenhaft ihre Striptease-Nummer abziehen. In der Natur kommen alle möglichen Geschmäcker vor und in Pattaya hat die Natur einen besonders schlechten Geschmack.

Reno ist in seinem Element. Bei jeder Geschäftsreise verbringt er ein paar Tage in diesem Badeort. Er hat so seine Gewohnheiten. Ab ins Spider's Web. Es ist so groß wie eine Bowling-Halle, mit einem erhöhten Boxring in der Mitte, Pornovideos in den Ecken und genug Platz an den beiden Bars, die den Saal flankieren, um ein Bier zu schlürfen – die Jungen zum Greifen nah.

Wee und Arusha, von der Fahrt ein wenig erschlagen, erliegen für einen Moment der Illusion, mit etwas wunderlichen Papas oder Onkeln unterwegs zu sein. Sie verlangen ein paar Baht, damit sie sich Bratspieße kaufen können, deren Duft durch die Tür hereinströmt. Sie ziehen die Italiener am Hosenboden.

Die *farangs* haben ein paar Amerikaner getroffen und feiern lautstark ihre Begegnung.

»Fantastisch, fantastisch!«, ruft Guido, der dem Ami zum x-ten Mal von Arushas Geschmeidigkeit erzählt, begeistert. Arusha, dieser Schlingel, dieses verdorbene kleine Luder.

»Man merkt ganz genau, dass er von seinem Vater in die Liebe eingeführt wurde«, ergänzt er im Brustton der Überzeugung.

»Ja«, antwortet der andere, »hier erlernt man die Liebeskünste von klein auf. Es wird nicht so wichtig genommen. Komisches Land, sie verkaufen ihren Körper ohne die geringste seelische Regung.«

»Aber wenigstens kriegen sie Knete von uns. Dieses Land überlebt dank unserer Hilfe.«

Voller Stolz prosten sie sich mit ihren *Singha*-Flaschen zu, den Trophäen ihrer Intelligenz.

Reno träumt vor sich hin. Wee hat sein Festmahl beendet und reibt seinen fettigen Mund an dessen Schenkel wie ein Kätzchen. Mit einer fast zärtlichen Handbewegung streicht ihm der Mann übers Haar.

Der andere Schwätzer hebt wieder an: »Hey, unser Freund Reno hat seinen boy-friend gefunden. Sieh nur, wie der Kleine ihn liebt!«

»Red keinen Scheiß, er ist anschmiegsam wie ein Schoßhündchen, das ist alles.«

Sie sind auf derselben Wellenlänge und rülpsen im Chor. Wee hat kein Wort von dem verstanden, was sie gesagt haben. Er wartet brav, dass die Zeit vergeht, wie ein Stück Vieh, das an seinen Pflock angebunden ist. Der Mann scheint freundlich zu sein. Vielleicht wird er ihn sogar mehrere Tage bei sich behalten.

Wee hat ihm nicht richtig ins Gesicht geschaut, er wird überhaupt nicht in der Lage sein, sich an ihn zu erinnern. Die *farangs* sehen alle gleich aus. Sie lassen sich bloß danach unterscheiden, ob sie prügeln oder nicht. Alles andere ist ihm egal. Was ihn beschäftigt, ist nicht die Frage, ob er etwas anderes werden könnte als ein kleiner Sexsklave, sondern vielmehr, ob er sich morgen ein anderes »Krokodil« (so nennen sie die *farangs* insgeheim) suchen muss, oder ob er Glück hat und dieses hier ein paar Tage behalten kann.

Die Ausländer flößen ihm weder Ekel noch Wut ein, geschweige denn zärtliche Gefühle. Er wundert sich bloß manchmal über sie, wenn sie schreien oder die Opfergaben für die *phi-is* nicht beachten, oder wenn sie sich beim Betreten eines Zimmers nicht die Schuhe ausziehen. Wee langweilt sich mit den *farangs*, also lebt er in den Tag hinein, dabei fährt er gar nicht schlecht.

Wenigstens glaubt er das.

Seit ein paar Wochen plagt ihn ein trockener Husten. Ein älterer Junge hatte ihm gesagt, er sollte mit dem Lackschnüffeln aufhören, also ist er aufs Kiffen umgestiegen. Aber es hat nichts gebracht. Und dann sind da diese kleinen Knoten unter seinen Armen, die wegrutschen, wenn man draufdrückt, und ein kleines bisschen wehtun. Neulich hatte ihn ein großer, schnurrbärtiger *farang* beim Anblick seines dürren Körpers in der schlackernden Hose gefragt: »Are you sick?«

Er hatte ihn mit großen Augen angesehen und nichts verstanden.

»Have you got AIDS?«

Da begann er etwas zu ahnen. Er und seine Freunde hören dieses Wort, das entweder AIDS oder SIDA ausgesprochen wird, häufig. Aber warum hatte dieser Engländer es zu ihm gesagt, ausgerechnet zu ihm? Na ja, wenn er alles enträtseln müsste, was er so hört, hätte er einiges zu tun!

Sie hatten einander unter der Dusche gegenübergestanden, ganz nackt, und der Weiße hatte schließlich die Fragen und die Seife fallen lassen. Er schnaubte wie ein wütender Stier, streckte seine Waranszunge heraus (wie diese Echsen, die sich von Aas ernähren) und dachte nur noch an eins: an seinen Schwanz, der zum Bersten angeschwollen war.

In ein paar Monaten wird der Engländer bereuen, dass er nicht weiter auf seinen Fragen beharrt hat.

An diesem Abend tobt der Wind in kräftigen Böen durch die Straßen und vertreibt böse Gedanken. Der Wind der Verrückten, so nennt man ihn dort. Klamm und sandig dringt er durch die tausendmal hochgezogenen Rollos am Eingang und macht Reno und seinen Freunden Lust auf einen Strandspaziergang.

Es ist wie eine Spritztour unter Freunden – große Klappen und ebenso große Saufnasen –, ohne Frauen, Mütter oder Tanten, die ihnen Moralpredigten halten und den Spaß verderben. Sie sind unter Männern, aber nicht ohne Kinder.

Wee und Arusha, ihre kleinen Schützlinge, tollen herum wie ausgelassene junge Hunde, und während sie lärmend vorpreschen, verscheuchen sie die kleinen Strolche, die in den Dünen hocken und auf ein gutes Geschäft warten. Ausgelassene *farangs* um drei Uhr morgens am Strand, das lockt die Menge an. Die Jungen versuchen ihr Glück, wahrscheinlich unter dem gestrengen Blick der Älteren oder der Puffmütter, die niemals schlafen, so sehr sind sie mit Opium voll gepumpt.

Denn hinter diesem Postkartenbild, das vom Leuchten der Sterne noch besser zur Geltung gebracht wird, wacht die Mafia. Sie lässt einem den Glauben an die zauberhafte Umgebung, das blaugrüne Meer, die feuchte Luft, die nach Jod und Orchideen duftet, an die thailändische Kultur und ihre Freiheit, *issara,* wie man dort sagt.

Wenn es ein Wort gibt, das man sich merken muss, dann ist es dieses: *issara.* Wirklich zum Totlachen!

Im Schatten regiert die Mafia. Sie organisiert, gibt den Ton an, kassiert die Kohle, verteilt Passierscheine, schmiert die Polizei, jagt oder eliminiert Störenfriede und Moralapostel. Und die werden in letzter Zeit immer zahlreicher.

Da hört sich doch alles auf! Männer und Frauen, Europäer und Thailänder machen Razzien in Stundenhotels, um die kleinen Prostituierten zu befreien, eröffnen Heime für sie, informieren die Presse. Also tut die Unterwelt, als schlotterten ihr vor Angst die Knie, als beuge sie sich dem internationalen Druck. Doch in Wirklichkeit sind ihr diese hehren Absichten völlig egal. Sie werden aufgebraucht sein, lange bevor die Mohnfelder versiegen. Drogen halten das Geschäft mit dem Sex in Gang, die Mafia hat beide Netze unter Kontrolle, sie hat den längeren Atem. Sie kann Tango tanzen, die Krake. Einen Schritt zurück – ein Bordell wird geschlossen, zwei Schritte vor – einen Monat später werden neue eröffnet.

Aber wer denkt in der lauen Wärme der Dünen schon an die gierigen Augen dieser Krake?

Weder Guido noch Reno, und schon gar nicht die beiden Yankees, die sich mit Whisky den Rest geben. Sie sind die Prinzen von Pattaya, König Rama der Neunte ist ihr Cousin und ihre süßen Kleinen liegen ihnen zu Füßen, um ihnen zu dienen.

»Es lebe die Natur, es lebe Asien und wir!«, brüllen sie im Chor. Sie lachen wie durchgebrannte Teenager. Sie unterliegen dem Irrglauben, sie wären wieder zu Kindern geworden. Die vom Hof der

Großen, die gekommen sind, um die vom Hof der Kleinen anzugrapschen. Sie machen Bockspringen, rempeln die Jungen im Vorbeigehen an: »Komm schon her, du kleiner Schelm!«

Diese Männer, die sich auf dem Sand fläzen, darunter einige vorbildliche Familienväter, sind von ihrem Spießerleben verweichlicht und haben »vergessen«, dass sie es sich erlauben können, so zu spielen. Aber sie haben Kohle und sie sind im fernen Land der *farangs* geboren, im Land der Reichen. Sie haben »vergessen«, dass sie diese Jungen gekauft haben, »vergessen«, dass Wee und seine Freunde sich nicht frei dafür entschieden haben, sich zu prostituieren, und dass diese Kinder zur Sexsklaverei verurteilt sind. Sie haben »vergessen«, dass diejenigen, die sie benutzen, diesen Fluch immer mehr verlängern. Sie glauben felsenfest daran, dass ihr Verlangen die Spielregeln und das Glück der anderen bestimmt.

Wee hat sich gerade einen Zug Klebstoff genehmigt, um sich wach zu halten. Er und seine Freunde haben sich das Fläschchen weitergegeben wie die Großen. Das macht sie ernst, angespannt; sie gehen bei der kleinsten Kleinigkeit in die Luft. So als müssten sie alles und jeden anfallen, damit die Krallen, die sich in ihre Lungen gebohrt haben, locker lassen und damit sie nicht gleich loskotzen müssen. Wee hat sich wütend auf Poo gestürzt, einen älteren Jungen, der über die anderen bestimmen will. Sie rollen über die Dünen, zur großen Freude von Guido, der ebenfalls schlechten Fusel getankt hat und auf die Jungen setzt.

»Poo! Los, Poo. Ich setze 20 Baht auf dich, mach ihn fertig!«

Und er wirft die Scheine in den Sand. Reno legt 20 Baht dazu, aber für Wee. Es ist genauso lustig wie die Hahnenkämpfe und die Fischkämpfe, die sie auf dem schwimmenden Markt von Bangkok gesehen haben.

»Los, macht schon!«

Die Jungen schlagen sich mit den Fäusten oder mit ausholenden Fußtritten. Und die anderen sind high, amüsieren sich oder liegen schnarchend auf dem Boden, von den Dämpfen erschlagen. Der Zaster fällt hier und dort, alle wollen mitmachen bei der Schlägerei, wollen Zaster. Zaster, Zaster, Zaster. Es gibt diejenigen, die ihn haben, und diejenigen, die ihn aufsammeln müssen.

Man könnte alles Mögliche mit diesen kleinen Sklaven anstellen. Rundherum hagelt es Schläge. Sie pfeffern sich Sand ins Gesicht, zielen unter die Gürtellinie, alles, was besonders wehtut. Sie wollen um jeden Preis gewinnen, wissen nicht mehr, warum sie gegeneinander kämpfen, wollen Zaster, das ist alles.

Wee fällt auf die Knie, krümmt sich unter Poos Fuß, steht taumelnd wieder auf, kriegt einen bösen Schlag in den Nacken und bleibt reglos am Boden liegen. Fünf, nein, zehn Sekunden. Die Italiener umringen den Sieger, heben ihn triumphierend in die Luft. Hurra, Poo! Beide wollen ihn befingern, versorgen, seine Wunden lecken. Der hereinbrechende Morgen bringt ihr Blut in Wallung. Jetzt wollen sie Doktorspielchen machen. Vergessen ist der Verlierer, ihr kleiner Liebling Wee, der langsam loskrabbelt wie ein verletzter Krebs.

Die anderen kleinen Sexarbeiter schütteln ihre Kleider aus und machen sich dann mit ihrem Lohn in den Hosentaschen in die kleinen Gassen auf. Es wäre wirklich zu schön, wenn das alles für sie wäre. Die Knete muss geteilt werden. Es fehlt nicht an falschen Brüdern und echten Müttern, Bedürftigen und wahren Raubvögeln. Von den Freiern können etliche leben!

Ganz in der Nähe ziehen sich Reno und Guido pappsatt und zufrieden wieder an und rauchen dabei eine Kippe. Sie sprechen über ihr Leben drüben in Turin, ihre Sorgen, die Familie, die Arbeit und über das irre Tempo des modernen Lebens, das ihnen nie eine Verschnaufpause lässt.

Ach, die Verantwortung der kleinen Unternehmer! Papperlapapp und Blablabla. Zum Glück gibt es diese kleinen Fluchten ins Land der Mangos. Ach, was geht es uns doch gut, sieh nur, die Sonne geht gleich auf. Weißt du noch, damals, als wir Studenten waren, wie wir mitten in der Nacht schwimmen gingen? Und blablabla. Meine nächste Baustelle ist auf den Philippinen, stell dir vor, die kleinen Jungen von Manila. Es heißt, ihre Haut riecht nach Zimt.

Die schlichten Gedanken sensibler Männer.

Die beiden Kumpane stehen auf, gehen mit dem Schritt der Gerechten ans Meer und pinkeln ins Wasser. Jetzt müssen sie nur noch zurück nach Bangkok fahren, aber erst nach einem fürstlichen Frühstück.

»Ach, wie wär's mit dem Royal Cliff Beach, das ist das schickste Hotel von Pattaya, mit einem fantastischen Ausblick auf den Golf von Siam.«

Bei dem Gedanken an Orangensaft und Toast läuft ihnen schon das Wasser im Mund zusammen.

Und die Kinder, die sie in Bangkok aufgegabelt haben? Die Kinder? Ach, die kleinen Schlingel werden schon irgendwie zurückkommen, diese kleinen Schlaumeier! Die kennen sich doch aus.

So, jetzt ist alles besprochen. Ihre Umrisse verschwinden nach und nach.

Wee schleppt sich auf den Knien ein paar Meter vorwärts, erbricht einen großen Schwall, setzt sich wieder in Bewegung, entleert noch einmal seinen ganzen restlichen Mageninhalt auf den Sand, seufzt und lässt sich eine kleine Düne hinunterrollen. Die Elefanten in seinem Schädel sind wieder da. Er weiß nicht mehr, wo er ist, verwechselt das Kommen und Gehen der Brandung mit dem der gelben Laster. Den Wellen ist das völlig schnuppe, sie machen nur ihren Job, glätten den Strand. Morgen werden sich andere unerschrockene Touristen hier sonnen und andere kleine Jungen werden kommen und sich hier verirren.

Franck Pavloff ist Franzose bulgarischer Herkunft. Er hat zehn Jahre als Entwicklungshelfer in Asien und Afrika gearbeitet und weitere zwanzig Jahre in Projekten verschiedener Organisationen zur Bekämpfung von Kriminalität und Drogenhandel. Als Autor hat er sich spezialisiert auf Psychologie und Kinderrechte. Er hat etwa fünfzehn Romane für Erwachsene und Kinder geschrieben und ist Herausgeber einer französischen Kinderbuchreihe.

Claudia Stein, geb. 1966, hat Romanistik und Kulturanthropologie in Frankfurt und Lissabon studiert. Ab 1995 war sie fünf Jahre lang Projektreferentin für den Bereich Kinder- und Jugendliteratur bei der Gesellschaft zur Förderung der Literatur aus Afrika, Asien und Lateinamerika. Heute arbeitet sie als freie Übersetzerin und Gutachterin für Französisch, Portugiesisch und Spanisch in Frankfurt.